AF193358

DEMOCRACIA A MEDIAS: FALLOS DEL SISTEMA ELECTORAL ESPAÑOL

ExLibric

JULIO UGENA CARRASCO

DEMOCRACIA A MEDIAS: FALLOS DEL SISTEMA ELECTORAL ESPAÑOL

EXLIBRIC
ANTEQUERA 2026

DEMOCRACIA A MEDIAS:
FALLOS DEL SISTEMA ELECTORAL ESPAÑOL

Diseño de portada: Dpto. de Diseño Gráfico Exlibric

Iª edición

Editado por: ExLibric
c/ Cueva de Viera, 2, Local 3
Centro Negocios CADI
29200 Antequera (Málaga)
Teléfono: 952 70 60 04
Fax: 952 84 55 03
Correo electrónico: exlibric@exlibric.com
Internet: www.exlibric.com

ISBN: 979-13-88079-89-4
Depósito Legal: MA 259-2026

Impresión: PODiPrint
Impreso en Andalucía – España

Nota de la editorial: ExLibric pertenece a Innovación y Cualificación S. L.

JULIO UGENA CARRASCO

DEMOCRACIA A MEDIAS: FALLOS DEL SISTEMA ELECTORAL ESPAÑOL

La primera condición
para modificar la realidad
consiste en conocerla.
EDUARDO GALEANO

Las leyes se dictan en momentos concretos.
Con el paso del tiempo, si son injustas,
se deben cambiar.

Si los votos de las personas tienen desigual
valor dependiendo de donde se viva,
la democracia está herida.

La pretensión de este ensayo no es otra que aportar una visión del sistema electoral y su posible modificación, siendo consciente de que puede haber otras visiones de cómo se podría cambiar y mejorar el sistema.

Por ello, tanto este análisis como las propuestas de modificación y los datos que se aportan tienen el objetivo principal de que se dé un debate en torno a lo que hay que hacer para mejorar el sistema electoral. Si se cumple esta premisa, el objetivo estaría cubierto.

Hace falta abordar la legislación electoral, buscar un sistema que sea más justo y democrático.

Índice

Introducción

La ley electoral es injusta, favorece a unos partidos y perjudica a otros. La proporción de votos en toda España no se corresponde con las diputadas y los diputados conseguidos, esto ha ocurrido en todas y cada una de las citas electorales.

El coste de votos por cada escaño conseguido, por unos y otros grupos, es muy desigual, y en algunos casos esa desigualdad es muy escandalosa.

Por ejemplo, en 1982, PSOE obtuvo 10.127.392 votos, consiguiendo 202 escaños, cada escaño tuvo un coste de 50.136 votos; AP, 5.408.959 votos, 107 escaños, cada uno 50.551 votos; UCD, 1.425.183 votos, 11 escaños, cada uno 129.562 votos; PCE, 856.227 votos, 4 escaños, cada uno 216.307 votos; CIU, 772.726 votos, 12 escaños, cada uno 64.394 votos; PNV, 396.656 votos, 8 escaños, cada uno 49.457 votos; CDS, 604.308 votos, 2 escaños, cada uno 302.154 votos; EB, 201.601 votos, cada uno 100.801 votos; ERC, 138.118 votos, 1 escaño.

En 2008, PSOE obtuvo 11.289.335 votos, 169 escaños, cada uno 66.801 votos; PP, 10.278.010 votos, 169 escaños, cada uno 66.740 votos; CIU, 779.425 votos, 10 escaños, cada uno 77.943 votos; PNV, 306.128 votos, 6 escaños, cada uno 51.021 votos; ERC, 298.139 votos, 3 escaños, cada uno 99.380 votos; IU, 869.946 votos, 2 escaños, cada uno 434.973 votos; BNG, 212.543 votos, 2 escaños, cada uno 106.272 votos; CC-PNC, 174.629 votos, 2 escaños, cada uno 87.315 votos; UPyD, 306.079 votos, 1 escaño; NA-BAI, 62.398 votos, 1 escaño.

Existe confusión entre la ley electoral y la llamada ley D'Hondt, que es el sistema que se utiliza para repartir y asignar a cada candidatura el número de diputados o diputadas. La Ley Orgánica 5/1985, de 19 de junio, del Régimen Electoral General establece la forma de asignar el número de representantes que corresponde a cada partido político, tanto en el Congreso de los Diputados como en los parlamentos autonómicos, en los municipios y en el Parlamento Europeo. Esta ley establece que el sistema de reparto es el conocido como ley D'Hondt, pero como no es una ley, a partir de ahora dejaremos de llamarla así, siendo más correcto denominarlo «sistema de reparto D'Hondt». Para el Senado, la ley regula otra forma de repartir los escaños, aún más injusta.

La Ley Orgánica 5/1985, de 19 de junio, del Régimen Electoral General, aunque en su articulado no nombra el sistema D'Hondt, sin embargo, es la fórmula de reparto que propone (ver cuadro contenido en art. 163.c de la ley).

La fórmula del sistema D'Hondt reparte de forma proporcional los escaños, aunque no se corresponde con un sistema proporcional puro, ya que existen diferencias entre esas dos formas de reparto. El reparto de escaños con el sistema D'Hondt termina excluyendo a pequeños grupos en las circunscripciones grandes (circunscripción única). Cuanto mayores son estas, mayor es la diferencia, siendo inexistente en circunscripciones pequeñas.

Por ejemplo, si la circunscripción fuera única (una sola circunscripción electoral para todo el Estado), existirían algunas diferencias entre un reparto proporcional puro y un reparto aplicando el sistema D'Hondt: con este último, los grupos grandes se beneficiarían del reparto con respecto a los pequeños y quedarían fuera algunas candidaturas, que con el sistema proporcional puro podrían obtener escaño (las candidaturas excluidas suelen tener un porcentaje de votos muy pequeño en todo el Estado).

En ningún caso, las candidaturas excluidas con el reparto del sistema D'Hondt llegan a tener 34.982 votos en todo el Estado, que es la mitad de la división de los votos totales a las candidaturas, 24.487.414 votos repartidos entre los 350 escaños, esto es, 69.964, teniendo en cuenta los resultados del 2023.

Por ejemplo, en las elecciones de 2023, si el tipo de circunscripción hubiera sido única y un sistema de reparto proporcional puro, los resultados que se hubieran producido serían:

Partido	**Escaños**
PP	117
PSOE	112
VOX	44
SUMAR	44
ERC	7
JUNTS	6
EH BILDU	5
PNV	4
BNG	2
CCa	2
UPN	1
PACMA	2
CUP	1
FO	1
NCa	1
PDyC	1

Con la misma circunscripción y el sistema de reparto D'Hondt, los resultados serían:

Partido	**Escaños**
PP	120
PSOE	115
VOX	45
SUMAR	45
ERC	6
JUNTS	5
EH BILDU	4
PNV	4
BNG	2
CCa	1
UPN	0
PACMA	2
CUP	1
FO	0
NCa	0
PDyC	0

Los resultados oficiales que se produjeron en las elecciones de julio de 2023, con la ley electoral vigente, fueron:

Partido	**Escaños**
PP	137
PSOE	121

VOX	33
SUMAR	31
ERC	7
JUNTS	7
EH BILDU	6
PNV	5
BNG	0
CCa	1
UPN	1
PACMA	0
CUP	1
FO	0
NCa	0
PDyC	0

Si nos fijamos en estos resultados, vemos que en la circunscripción única hay unas diferencias mínimas si se aplica un tipo de reparto u otro. Sin embargo, las diferencias mayores se muestran en los resultados reales de 2023.

Si tenemos en cuenta estos datos, concluiremos que la principal responsabilidad del reparto injusto no es del sistema D'Hondt. La causa se tiene que buscar en otras cuestiones que se regulan en la ley electoral. Este reparto no proporcional que vemos en las elecciones de 2023 no se ha dado solo en estas elecciones, sino en todas las celebradas hasta el momento. Se debe tener en cuenta que, en elecciones anteriores, la desproporción entre lo votado y el reparto de escaños fue mayor que en las de 2023.

Vemos que el sistema de circunscripción única con reparto proporcional es el que asigna los escaños con más justicia. Pero una sola circunscripción es imposible, tenemos que ser conscientes de ello, pues elaborar candidaturas de 350 candidatos es imposible, crearía muchos problemas. Pero entre una sola circunscripción y las circunscripciones provinciales, que es lo que regula la ley electoral, hay alternativas que se irán viendo a lo largo de este estudio.

Aunque de los datos que se van a ir viendo en este estudio de las distintas elecciones celebradas hasta el momento podamos concluir que el reparto de escaños es injusto, en ningún momento podemos manifestar que los gobiernos o la composición resultante de los parlamentos fuesen ilegítimos. Todo ello se produjo según la legalidad que la ley electoral y el resto del ordenamiento jurídico establecen. Lo anterior no implica que, si entendemos que la legislación no es justa, se busque la justicia cambiando la ley.

En este modesto estudio de las elecciones y de la ley electoral no solo veremos datos, también se aportará alguna propuesta de modificación del sistema electoral, o sea, de la ley electoral.

Para desarrollar este estudio, se han tenido en cuenta los resultados electorales de todas las elecciones generales que se han producido desde la instauración de la democracia, menos las primeras elecciones del 2019, ya que se repitieron y de las primeras no salió Gobierno. En cada una de ellas, se han calculado distintos supuestos posibles: otro tipo de circunscripciones electorales; reparto de escaños a elegir por cada circunscripción, según la población de cada una; evolución de la población en España y en los distintos territorios…

Como ya manifesté anteriormente, la circunscripción única es imposible, pero sí la tendremos en cuenta. Partiremos de ella, ya que al ser en la que se produce un reparto justo y donde se refleja mejor la pluralidad del pueblo español, tendrá que servir de guía para proponer un sistema lo más proporcional posible. Veremos que el sistema electoral actual es muy injusto y, por el contrario, la circunscripción única refleja la justicia, la proporcionalidad y la pluralidad…

Un sistema electoral que no tenga en cuenta la mayor proporcionalidad posible y la pluralidad de la sociedad lo podremos llamar democracia, pero no se corresponde con una democracia real.

La ley electoral establece 52 circunscripciones, 50 que se corresponden con las provincias españolas, más las ciudades autónomas de Ceuta y Melilla, lo que implica que se producen 52 restos de votos en el reparto de los escaños a cada partido político. Se pierden muchos votos, en algunos casos la totalidad de los obtenidos por algunos partidos.

La ley asigna los escaños a cada provincia de modo no proporcional, dando más representación a las pequeñas respecto a las grandes provincias. Esto es debido a que el artículo 162 de la citada ley electoral reparte directamente dos escaños a cada una de las provincias y uno a cada una de las ciudades autónomas, ese reparto se hace sin tener en cuenta la población de cada circunscripción, lo que significa que se reparten de forma no proporcional 102 escaños. El resto, los 248 escaños, se reparte a cada circunscripción de forma proporcional.

Los 100 escaños repartidos entre las 50 provincias no guardan ninguna proporción con el número de habitantes de cada una de ellas, es lo que más contribuye a la desigualdad y donde más se manifiesta que todos los votos no valen lo mismo.

Al no corresponderse el número de escaños asignados a las provincias con el número de habitantes de estas, se produce la desigualdad, beneficiando a unos partidos políticos en detrimento de otros en las zonas rurales o menos pobladas, llamadas «la España vaciada». En ellas, se eligen más diputados en proporción a sus habitantes que en provincias grandes. En las circunscripciones mayores pasa lo mismo, pero a la inversa, siendo más costoso cada escaño, saliendo perjudicados los mismos grupos que ya lo estaban en las circunscripciones pequeñas.

Al no ser proporcional el reparto de los escaños en cada provincia, se pierde la proporcionalidad de los votos, por ejemplo: Palencia, con 157.787 habitantes, elige 3 diputados, uno cada 52.596 habitantes, en tanto que Madrid, con 6.871.903 habitantes, elige 37 diputados, uno cada 185.727 habitantes. Es en este reparto donde se crea la desigualdad, donde unos votos valen más que otros.

Juntando las situaciones mencionadas anteriormente es cuando se da la desproporción en el reparto.

También, la normativa electoral establece un 3 % mínimo de votos para poder optar al reparto de escaños. Dependiendo del tamaño de la circunscripción tiene influencia. Por ejemplo: en Madrid, con 3.564.144 votos válidos, el 3 % sería 106.924, o sea, los votos mínimos para poder optar a un escaño; en Barcelona, con 2.646.589 votos válidos, se necesitarían 79.398 votos. Si estos votos necesarios para poder tener representación en Madrid o Barcelona los comparamos, por ejemplo, con los escaños obtenidos en Segovia, vemos que el mínimo del 3 % es injusto e innecesario, porque en Segovia con 39.621 votos se obtuvieron 2 escaños, y con 26.791 votos, 1 escaño.

Con lo anteriormente dicho, hay que tener en cuenta que una cosa es la ley electoral y otra el sistema de reparto D'Hondt, que está recogido en dicha ley. No hay que confundir una cosa con la otra, ya que, para hacer un análisis de la desigualdad que se produce en el reparto de escaños, no solo en estas últimas elecciones generales, sino en todas las que se han producido con la legislación vigente, conviene tener claro dónde están los fallos. Si identificamos bien las causas, podremos hacer las propuestas necesarias para cambiar a un sistema electoral mejor.

El sistema de reparto que tenemos en España, sistema D'Hondt, es más justo que los que se utilizan en otros lugares, y más justo que el que se utiliza para el Senado. Con lo cual, lo que hay que cambiar es la Ley Orgánica 5/1985, de 19 de junio, del Régimen Electoral General, que además del reparto regula otras cuestiones que sí producen injusticia en cuanto a los votos obtenidos y el resultado en escaños.

Todo lo anterior no son afirmaciones sin datos, está basado en distintos supuestos, que se presentan en distintos documentos o supuestos que se adjuntan.

En adelante, se compararán distintas posibilidades en los resultados de las elecciones que se han celebrado:

- Circunscripción única con reparto proporcional puro.
- Circunscripción única con reparto del sistema D'Hondt.
- Circunscripción provincial, con reparto de escaños a las provincias proporcional a su población.
- Circunscripción regional, acumulando los escaños vigentes en cada provincia.
- Circunscripción regional, con reparto de escaños proporcional a la población de cada región.
- Circunscripción regional, con reparto de escaños proporcional a su población, con sistema de reparto proporcional puro.

Todo lo anterior está demostrado con datos y cálculos, tanto para su verificación como para que sean unas valoraciones objetivas, dejando las valoraciones subjetivas solo para propuestas de cambio en la ley.

Se presentaron a las elecciones de julio de 2023 en todo el Estado 59 partidos políticos, agrupaciones o coaliciones; en realidad son 58, ya que el PSOE-PSC se presentó en Cataluña con sus siglas, por lo que, a partir de ahora, consideraremos solo un partido, el PSOE. Si se hubiera optado por circunscripción única, de los 58 partidos políticos o coaliciones solo 12 obtendrían representación con la formula D'Hondt, y con el reparto proporcional puro, solo 16. A los restantes 45 o 41 grupos, respectivamente, no les correspondería ningún diputado. En las elecciones celebradas en julio de 2023, con circunscripciones provinciales y con reparto de escaños a las provincias sin tener en cuenta la proporcionalidad con su población, según la ley, de los 58 grupos, solo obtuvieron representación 11 grupos, 1 menos o 5 menos que en los dos supuestos de circunscripción única.

Se tendría que eliminar el mínimo del 3 % para obtener escaño, sobre todo si la circunscripción fuera única. De lo contrario, solo serían 4 los que se repartirían los escaños, lo que dejaría a 2.065.294 votantes sin representación parlamentaria, votantes cuyos votos serían suficientes para tener uno o varios diputados o diputadas.

Con la ley electoral actual, el coste de votos para los distintos partidos es desigual, el valor del voto de unas personas es mayor que el de otras, dependiendo de la provincia donde se vive; es decir, unos partidos están sobrerrepresentados en función de donde obtienen los votos y otros están infrarrepresentados. Para corregir ese reparto injusto de escaños, se tendría que cambiar la ley.

Para obtener un reparto equitativo de representantes en el Congreso de los Diputados, la mejor solución sería la circunscripción única, sin el 3 % necesario para obtener representación.

Siendo consciente de la dificultad de hacer candidaturas con 350 candidatos, se tendrían que considerar otras alternativas. Todas las que, a continuación, se plantean en este escrito corrigen algo esa desigualdad, pero algunas incurren en otras situaciones no deseables y menos justas. Por ello, hay que buscar la forma que se acerque más a lo justo, al tiempo de que sea viable.

Legislación

Extracto de la legislación electoral, copiado del *BOE*.

Ley Orgánica 5/1985, de 19 de junio, del Régimen Electoral General

Artículo ciento sesenta y uno

1. Para la elección de Diputados y Senadores, cada provincia constituirá una circunscripción electoral. Asimismo, las ciudades de Ceuta y Melilla serán consideradas, cada una de ellas, como circunscripciones electorales.

2. Se exceptúa de lo dispuesto en el párrafo anterior, para las elecciones de Senadores, a las Provincias insulares, en las que a tales efectos se consideran circunscripciones cada una de las siguientes islas o agrupaciones de islas: Mallorca, Menorca, Ibiza-Formentera, Gran Canaria, Fuerteventura, Lanzarote, Tenerife, Hierro, Gomera y La Palma.

Artículo ciento sesenta y dos

1. El Congreso está formado por trescientos cincuenta Diputados.

2. A cada provincia le corresponde un mínimo inicial de dos Diputados. Las poblaciones de Ceuta y Melilla están representadas cada una de ellas por un Diputado.

3. Los doscientos cuarenta y ocho Diputados restantes se distribuyen entre las provincias en proporción a su población, conforme al siguiente procedimiento:

a) Se obtiene una cuota de reparto resultante de dividir por doscientos cuarenta y ocho la cifra total de la población de derecho de las provincias peninsulares e insulares.

b) Se adjudican a cada provincia tantos Diputados como resulten, en números enteros, de dividir la población de derecho provincial por la cuota de reparto.

c) Los Diputados restantes se distribuyen asignando uno a cada una de las provincias cuyo cociente, obtenido conforme al apartado anterior, tenga una fracción decimal mayor.

4. El Decreto de convocatoria debe especificar el número de Diputados a elegir en cada circunscripción, de acuerdo con lo dispuesto en este artículo.

Artículo ciento sesenta y tres

1. La atribución de los escaños en función de los resultados del escrutinio se realiza conforme a las siguientes reglas:

a) No se tienen en cuenta aquellas candidaturas que no hubieran obtenido, al menos, el 3 por 100 de los votos válidos emitidos en la circunscripción.

b) Se ordenan de mayor a menor, en una columna, las cifras de votos obtenidos por las restantes candidaturas.

c) Se divide el número de votos obtenidos por cada candidatura por 1, 2, 3, etcétera, hasta un número igual al de escaños correspondientes a la circunscripción, formándose un cuadro similar al que aparece en el ejemplo práctico. Los escaños se atribuyen a las candidaturas que obtengan los cocientes mayores en el cuadro, atendiendo a un orden decreciente.

Ejemplo práctico: 480.000 votos válidos emitidos en una circunscripción que elija ocho Diputados. Votación repartida entre seis candidaturas:

A (168.000 votos), B (104.000), C (72.000), D (64.000), E (40.000), F (32.000).

División	*1*	*2*	*3*	*4*	*5*	*6*	*7*	*8*
A	*168.000*	*84.000*	*56.000*	*42.000*	*33.600*	*28.000*	*24.000*	*21.000*
B	*104.000*	*52.000*	*34.666*	*26.000*	*20.800*	*17.333*	*14.857*	*13.000*
C	*72.000*	*36.000*	*24.000*	*18.000*	*14.400*	*12.000*	*10.285*	*9.000*
D	*64.000*	*32.000*	*21.333*	*16.000*	*12.800*	*10.666*	*9.142*	*8.000*
E	*40.000*	*20.000*	*13.333*	*10.000*	*8.000*	*6.666*	*5.714*	*5.000*
F	*32.000*	*16.000*	*10.666*	*8.000*	*6.400*	*5.333*	*4.571*	*4.000*

Por consiguiente: la candidatura A obtiene cuatro escaños; la candidatura B, dos escaños, y las candidaturas C y D, un escaño cada una.

d) Cuando en la relación de cocientes coincidan dos correspondientes a distintas candidaturas, el escaño se atribuirá a la que mayor número total de votos hubiese obtenido. Si hubiera dos candidaturas con igual número total de votos, el primer empate se resolverá por sorteo y los sucesivos de forma alternativa.

e) Los escaños correspondientes a cada candidatura se adjudican a los candidatos incluidos en ella, por el orden de colocación en que aparezcan.

2. En las circunscripciones de Ceuta y Melilla será proclamado electo el candidato que mayor número de votos hubiese obtenido.

ELECCIONES AL PARLAMENTO EUROPEO

Artículo doscientos dieciséis

La atribución de escaños en función de los resultados del escrutinio se realiza conforme a lo dispuesto en el artículo 163 de la presente Ley, con excepción de lo previsto en el apartado 1 a), y en el apartado 2 de dicho artículo.

Resultados de las elecciones de julio de 2023

Con la ley electoral actual, los resultados globales de las elecciones de julio de 2023 fueron los siguientes:

Electores: 37.469.458
Votantes: 24.952.447
Votos válidos: 24.688.087
Votos candidaturas: 24.487.414
Votos blancos: 200.675
Votos nulos: 264.360

Votos y diputados y diputadas electos, de las candidaturas que obtuvieron escaño.

Partido	**Votos**	**Escaños**
PP	8.160.837	137
PSOE	7.821.718	121
VOX	3.057.000	33
SUMAR	3.044.996	31
ERC	446.020	7
JUNTS	395.429	7
EH BILDU	335.129	6
PNV	277.289	5

PNG	153.995	1
CCa	116.363	1
UPN	52.188	1

Ver *Boletín Oficial de Estado* de 1 de septiembre de 2023 (III. Otras disposiciones. Junta Electoral Central, pp. 122.201 a 122.274).

Como se irá viendo a lo largo de este estudio, los problemas vienen de lo siguiente:

1. Del número excesivo de circunscripciones, cincuenta más las ciudades autónomas. Por ello, se debería reducir el número de estas, lo que sería posible con la circunscripción regional, pasando de cincuenta a diecisiete.

2. Del reparto de escaños a cada circunscripción, ya que el actual reparto es desigual e injusto, en tanto que se deberían asignar los escaños en proporción a su población. Las circunscripciones provinciales mejorarían con un reparto de escaños proporcional a su población, pero tiene dos problemas: uno, que son muchas y muchos restos; dos, que varias de ellas solo elegirían un solo escaño.

Pasar de ser circunscripción provincial a regional resuelve uno de los problemas, ya que, al ser menos circunscripciones, los restos que se producen son menores, de cincuenta pasan a diecisiete. Quedaría por resolver la asignación de escaños a cada una de las comunidades autónomas o nacionalidades. Si a cada una se les asignan los escaños acumulados que ya tienen sus provincias, seguiríamos sin resolver la injusticia que supone el reparto actual. Por ello, a cada comunidad o nacionalidad se le tendría que asignar el número de escaños en proporción a su población.

Elecciones de julio de 2023

Teniendo en cuenta lo anterior, a continuación vamos a comparar las posibles fórmulas de reparto que se podrían plantear para corregir las desigualdades que se producen con el sistema actual. Para ello tendremos en cuenta:

1. Las distintas circunscripciones que se podrían plantear.
2. Las diferentes formas de reparto de escaños a elegir en cada circunscripción.
3. El reparto de diputadas o diputados a los partidos políticos en función de los votos obtenidos.

Si la circunscripción única y con reparto proporcional es la que distribuye los escaños de forma más justa es con esta con la que compararemos el resto de supuestos que a continuación iremos viendo. Las diferencias siempre serán con relación a la circunscripción única y proporcional.

CIRCUNSCRIPCIÓN ÚNICA

El sistema D'Hondt es un sistema que reparte y distribuye los escaños proporcionalmente, pero no tiene en cuenta el total de los votos obtenidos por todos los partidos o coaliciones, solo cuentan los que tienen los votos suficientes para conseguir escaño con su fórmula.

Por ello, un reparto proporcional puro tiene diferencias con el sistema de reparto D'Hondt: este descarta previamente algunos grupos que con el reparto proporcional puro sí obtendrían escaño. Esta diferencia tan solo sucedería en las circunscripciones grandes (circunscripción única).

Teniendo en cuenta las elecciones generales de 2023, si la circunscripción hubiera sido única, la diferencia entre las dos fórmulas de reparto habría sido la siguiente: 4 partidos habrían obtenido más representación con el sistema proporcional respecto al sistema D'Hondt y otros 4 partidos habrían conseguido menos escaños. Otros 4 partidos, con el sistema proporcional, habrían obtenido escaño, pero con el sistema D'Hondt no. Los porcentajes de los partidos que no habrían obtenido escaño con el sistema D'Hondt solo representarían el 0,21 %, 0,19 %, 0,19 % y 0,13 %, respectivamente en todo el Estado. Esto queda demostrado a continuación.

En este supuesto de circunscripción única y con el sistema de reparto D'Hondt, los escaños hubieran sido:

Partido	**Escaños**
PP	120
PSOE	115
VOX	45
SUMAR	45
ERC	6
JUNTS	5
EH BILDU	4
PNV	4
BNG	2
CC	1
PACMA	2
CUP	1

(Ver *Anexo 1*)

En este supuesto de circunscripción única y con un reparto proporcional puro, los escaños hubieran sido:

Partido	**Escaños**
PP	117
PSOE	112
VOX	44
SUMAR	44
ERC	7
JUNTS	6
EH BILDU	5
PNV	4
BNG	2
CC	2
PACMA	2
CUP	1
UPN	1
FO	1
PDeCAT	1

(Ver *Anexo 2*)

Circunscripción provincial, con reparto proporcional de escaños según la población de cada provincia

Con un reparto proporcional de escaños a cada provincia, ¿podría ser posible que este fuera algo más justo y tuviera en cuenta la pluralidad? Hay que tener en cuenta que la desigualdad en el reparto de diputados a los distintos partidos o grupos se produce por dos circunstancias:

1. 50 circunscripciones provinciales, más las ciudades autónomas de Ceuta y Melilla, que producen restos en todas ellas. Al ser provincias pequeñas, se pierden muchos votos por los restos, en algunos casos los restos son todos los votos obtenidos por algunos de los partidos.
2. Donde se produce más la desigualdad es en la asignación de escaños a las 52 circunscripciones, ya que no hay relación proporcional entre los escaños asignados a cada una de ellas y la población de cada provincia. Unas provincias están sobrerrepresentadas, mientras otras, por el contrario, eligen menos escaños que los que les corresponderían por su población.

Veremos si un reparto proporcional de diputados por provincias sería la solución o no resolvería nada. Si cada provincia eligiera el número de representantes al Congreso de los Diputados en relación proporcional a su población, se corregiría una pequeña parte de esa desigualdad, pero no toda. Sería algo más justo, hay que tener en cuenta que el reparto tiene que ser lo más justo posible. En este caso, mejoraría esa justicia muy poco, mientras que, como veremos, hay otras fórmulas que sí se acercan a dar el mismo valor a todos los votos. Además de la igualdad, en una democracia se tiene que reflejar la pluralidad manifestada en las urnas. Al ser la mayoría de las circunscripciones muy pequeñas, se imposibilita que se dé esa pluralidad manifestada en los votos de la ciudadanía. Este supuesto tiene otros problemas, algunas circunscripciones provinciales elegirían uno y dos representantes nada más, con lo cual se sacrificaría el pluralismo: a menos diputados a elegir, menos pluralidad.

Para tener en cuenta la igualdad y la pluralidad en unas elecciones, se deben considerar los votos y escaños conseguidos totales en todo el Estado, aunque el reparto se realice en cualquiera de las circunscripciones que se plantean a continuación. Por lo anteriormente dicho, en todos los supuestos, desde este en adelante, se tendrán en cuenta los votos y escaños totales. De esta manera, se verá si un supuesto es mejor o peor, en cuanto a la proporción de los votos y los escaños conseguidos. Teniendo en cuenta que el reparto más justo y que refleja la pluralidad es la circunscripción única, con ella es con la que se debe hacer la comparación.

Si aplicamos las circunscripciones actuales, pero les asignamos los escaños que les correspondan en función de su población, los resultados serían los siguientes:

Partido	**Escaños**
PP	130
PSOE	120
VOX	33
SUMAR	37

ERC	8
JUNTS	8
EH BILDU	6
PNV	4
CUP	1
UPN	1
BNG	1
CCA	1

(Ver *Anexo 3*)

En cuanto al reparto de escaños proporcional a cada provincia, en función de su población:

(Ver *Anexo 4*)

Circunscripción regional, con acumulación de los escaños que actualmente tienen sus provincias

Para conseguir unas circunscripciones mayores, que den respuestas a la pluralidad, intentando la proporcionalidad, las circunscripciones podrían ser las comunidades autónomas o nacionalidades. Al ser más grandes, se producirían menos restos en el reparto de representantes elegidos. Si se establece la comunidad autónoma como circunscripción, asignando a cada una de ellas los escaños que previamente tiene cada una de las provincias que la componen según la ley vigente, se resolvería uno de los problemas, es decir, menos circunscripciones, menos restos y más pluralidad. Esto es debido a repartir más escaños en estas circunscripciones. Pero quedaría el problema de la desigualdad, ya que se parte de un reparto de escaños desigual a cada provincia, que no tiene en cuenta la proporción de escaños con respecto a la población. Unas regiones seguirían estando sobrerrepresentadas con respecto a las otras.

En este supuesto, se partiría de la desigualdad ya existente en el reparto de escaños en cada provincia. A continuación, vemos los resultados que se darían en este supuesto:

Partido	**Escaños**
PP	124
PSOE	120
VOX	41
SUMAR	37
ERC	7
JUNTS	5
EH BILDU	6
PNV	4
BNG	2
CCa	2
CUP	1
UPN	1

(Ver *Anexo 5*)

La suma de escaños de cada provincia en su comunidad autónoma o nacionalidad puede verse en *Anexo 6.*

Circunscripción regional, con escaños proporcionales según la población de cada comunidad, sistema de reparto D'Hondt

Si cambiáramos las circunscripciones provinciales por regionales o de nacionalidad y si el reparto de escaños por circunscripción se estableciera en proporción a su población, las circunscripciones no serían tan pequeñas, con la excepción de La Rioja, que solo elegiría 2 representantes, y Ceuta y Melilla, con 1 cada una de ellas.

En este supuesto, se corrigen dos de los problemas que se plantean con las circuncisiones provinciales y las regionales con acumulación de los escaños de cada una de sus provincias. Aun no dándose la proporcionalidad de la circunscripción única, este supuesto estaría en la zona intermedia entre la circunscripción única y el resto de supuestos vistos hasta aquí.

Vemos los resultados que se darían en esta forma de reparto:

Partido	**Escaños**
PP	119
PSOE	118
VOX	41
SUMAR	42
ERC	8
JUNTS	7
EH BILDU	5
PNV	4
BNG	2

CUP	1
UPN	1
CCa	2

(Ver *Anexo 7*)

Circunscripción regional, con escaños proporcionales según la población de cada comunidad, sistema de reparto proporcional puro

Partido	**Escaños**
PP	118
PSOE	111
VOX	44
SUMAR	45
ERC	8
JUNTS	6
EH BILDU	5
PNV	4
BNG	2
CUP	1
UPN	1
CCa	2

(Ver *Anexo 8*)

Los escaños a elegir en cada comunidad autónoma o nacionalidad pueden verse en *Anexo 9*.

Conclusión

La circunscripción única es la única que se ajusta tanto a la proporcionalidad como a la pluralidad. Pero tiene algún inconveniente, por ejemplo, elaborar listas electorales de 350 candidatos. Las dificultades de todos los partidos o coaliciones serían grandísimas, siendo casi imposible su elaboración. En las europeas es distinto, pues el número de representantes a elegir es muchísimo menor, lo que facilita que sea posible.

Lo anterior no implica que no se pueda cambiar la ley electoral, ni que no pueda haber otro modelo de circunscripción u otro modelo de reparto de escaños a cada circunscripción. Sería conveniente otra legislación que sea más justa y equitativa.

Elecciones desde 1977

A continuación analizaremos las elecciones que se han celebrado desde el año 1977, los resultados que se dieron en votos y en escaños conseguidos por los distintos partidos políticos, coaliciones, etc., en cada una de las elecciones celebradas.

Analizaremos los posibles resultados que se podrían haber dado con otra regulación electoral, con otro modelo de reparto de escaños a cada circunscripción y con otro modelo de circunscripciones.

1977

Resultados que se habrían obtenido con una circunscripción única y reparto proporcional:

Partido	**Votos**	**Escaños**
UCD	6.310.391	124
PSOE	5.371.866	103
PCE	1.709.890	33
AP	1.504.771	29
PSP-US	816.582	16
PDPC	514.647	10
PNV	296.193	6
FDC-EDC	215.841	4

EC-FED	143.954	3
FDI	122.608	2
ASDCI	101.916	2
OTROS (17)	651.402	18

Resultados que se habrían obtenido con una circunscripción única y reparto D'Hondt:

Partido	**Escaños**
UCD	131
PSOE	109
PCE	34
AP	30
PSP-US	16
PDPC	10
PNV	6
FDC-EDC	4
EC-FED	2
FDI	2
ASDCI	2
AET	1
AN18	1
RSE	1
EE	1

Resultados reales que se obtuvieron:

Partido	**Escaños**
UCD	167
PSOE	118
PCE	20
AP	16
PSP-US	6
PDPC	11
PNV	8
EC-FED	1
INDEP	2
EE	1

Se pueden observar las diferencias que hay entre el reparto proporcional y el del sistema D'Hondt. Las diferencias que se producen entre estas dos formas de reparto son menores que las existentes entre ellas y el resultado real que se dio en esas elecciones, aplicando la legislación vigente.

De haberse celebrado las elecciones con una sola circunscripción y si se hubieran repartido de forma proporcional los escaños, las diferencias habrían sido las siguientes:

- Hubiesen obtenido menos escaños UCD (-43), PSOE (-15), PDEC (-1), PNV (-2).
- Hubiesen obtenido más escaños PCE (+13), AP (+13), PSP (+10), otras candidaturas (+18).

Si en las elecciones de 1977 se hubieran asignado a cada provincia los escaños que les corresponderían en relación con su población, los resultados habrían sido:

Partido	**Escaños**
UCD	153
PSOE	117
PCE	32
AP	18
PSP-US	8
PDPC	11
EC-FED	2
PNV	7
EE	1
CAIC	1

En 1977 aún no se habían creado las comunidades autónomas, pero, no obstante, se va a calcular cómo habrían sido los resultados si se hubieran celebrado las elecciones con una circunscripción regional y si los escaños asignados a cada circunscripción hubiesen sido proporcionales a su población:

Partido	**Escaños**
UCD	144
PSOE	115
PCE	33
AP	27
PSP-US	10
FDI	1
PDPC	10
EC-FED	2

PNV	7
EE	1

Aquí se ven las diferencias que se producen entre la circunscripción única y la regional, con asignación de escaños según su población. Pero se puede observar que este último supuesto es el que mejor reparte los escaños con respecto a la circunscripción única. Sería la zona intermedia entre el reparto más justo y el que se produce injustamente aplicando la legislación vigente.

Se debe tener en cuenta que las diferencias entre estas dos formas de repartir los escaños siguen siendo muy abultadas. Se verá cómo en otras elecciones celebradas hasta el momento, esa diferencia entre la circunscripción única y la regional es la más pequeña; esto es debido a que en estas primeras elecciones se fraccionó muchísimo el voto. Hay que considerar que 20 partidos políticos con la circunscripción única y reparto proporcional hubieran obtenido escaño con muy pocos votos, con porcentajes que van desde un 0,4 a 0,11 por ciento. Se irá viendo con los datos del resto de las elecciones que comprobaremos en este estudio.

Más adelante, se verán los cálculos de esta y del resto de las elecciones celebradas. En el apartado *Anexos*, veremos de dónde salen los diferentes resultados de los distintos supuestos.

Los votos de cada una de las elecciones, las candidaturas que se presentaron y el reparto de escaños que se obtuvo en cada uno de los comicios son los oficiales. Los votos que se obtuvieron por cada partido, coalición o grupo, en cada una de las comunidades autónomas o nacionalidades, están sacados de la base de datos de *El Diario.es*, lo que ha facilitado el trabajo, al no tener que sumar los votos de cada una de sus provincias.

En cuanto a los datos de población que se manejan en este estudio, se han sacado del Instituto Nacional de Estadística.

A continuación, analizaremos el resto de comicios celebrados hasta el momento. Si bien en estos tan solo analizaremos la circunscripción única, la regional con reparto de escaños según su población y los resultados que se produjeron en cada una de las elecciones. Con la excepción de las elecciones de 1982 y las de 2000, en las que se ofrecen aún más supuestos, por ser las primeras elecciones con mayoría absoluta, del PSOE y del PP.

1979

Resultados que se habrían obtenido con una circunscripción única y reparto proporcional:

Partido	**Escaños**
UCD	122
PSOE	107
PCE	38
CD	21
CIU	10
UN	7
PSA	6
PNV	6
EB	3
ERC	2
EE	2

UPN	1
PAR	1
UPC	1
ORT	3
PT	4
PSH	3
OTROS (12)	14

Resultados que se obtuvieron:

Partido	**Escaños**
UCD	168
PSOE	121
PCE	23
CD	9
CIU	8
UN	1
PSA	5
PNV	7
EB	3
ERC	1
EE	1
UPC	1
PAR	1
UPN	1

Resultados que se habrían obtenido con circunscripción regional y reparto de escaños según población:

Partido	**Escaños**
UCD	143
PSOE	116
PCE	37
CD	17
UN	3
CIU	10
ERC	2
PNV	6
EB	3
EE	2
UPC	1
PSA	8
PTE	1
ORT	1

De haberse celebrado las elecciones con circunscripción regional, tal como vemos en el último supuesto, los distintos partidos habrían tenido las siguientes diferencias en los resultados:

- Habrían obtenido menos escaños UCD (-25), PSOE (-5), PNV (-1), PAR (-1), UPN (-1).
- Habrían obtenido más escaños PCE (+14), CD (+8), UN (+2), ERC (+1), EE (+1), PSA (+3), PT (+1), ORT (+1).

1982

Resultados que se habrían obtenido con una circunscripción única y reparto proporcional:

Partido	**Escaños**
PSOE	171
AP	91
UCD	24
PCE	15
CIU	13
CDS	11
PNV	7
EB	4
ERC	3
FN	2
PSDLT	2
EZQU PA SO	2
PAND	2
COM CAT	1
BNG	1
OTROS	1

Resultados que se habrían obtenido con una circunscripción única y reparto del sistema D'Hondt:

Partido	**Escaños**
PSOE	177
AP	95
UCD	25
PCE	15
CIU	13
CDS	10
PNV	6
EB	3
ERC	2
FN	1
PSDLT	1
EZQU PA SO	1
PAND	1
COM CAT	1

Observamos que, entre estas dos formas de reparto, ya hay menos diferencias que en el año 1977. Es a partir de 1982 cuando se da menos dispersión del voto, por ello en el reparto proporcional hay menos partidos que llegan al reparto, no menos partidos que se presentan, ya que en estos comicios se presentaron 62 partidos, coaliciones...

Resultados que se obtuvieron:

Partido	**Escaños**
PSOE	202
AP	107
UCD	11
PCE	4
CIU	12
CDS	2
PNV	8
EB	2
ERC	1
EE	1

Resultados que se habrían obtenido con una circunscripción provincial y reparto de escaños en proporción a la población de cada provincia:

Partido	**Escaños**
PSOE	202
AP	107
PCE	7
UCD	8
CIU	14
ERC	1
PNV	8
EB	2
CDS	1

Resultados que se habrían obtenido con circunscripción regional y reparto de escaños según población:

Partido	**Escaños**
PSOE	189
AP	101
PCE	11
UCD	21
CDS	2
CIU	13
ERC	2
PNV	7
EB	3
EE	1

De haberse celebrado las elecciones con circunscripción regional, tal como vemos en el último supuesto, los distintos partidos habrían tenido las siguientes diferencias en los resultados:

- Habrían obtenido menos escaños PSOE (-13), AP (-6), CDS (-1), PNV (-1).
- Habrían obtenido más escaños UCD (+10), PCE (+7), CIU (+1), EB (+1), EE (+1), ERC (+1).

El PSOE, de haber sido circunscripción única y reparto proporcional, no habría obtenido la mayoría absoluta; con el resto de supuestos, sí.

1986

Resultados que se habrían obtenido con una circunscripción única y reparto proporcional:

Partido	**Escaños**
PSOE	155
AP	91
CDS	32
IU	16
CIU	18
PNV	5
HB	4
EE	2
MUC	4
PRD	4
CG	1
PAR	1
AIC	1
UV	1
PA	2
ERC	2
UPN	1
OTROS	10

Resultados que se obtuvieron:

Partido	Escaños
PSOE	184
AP	105
CDS	19
CIU	18
IU	7
PNV	6
HB	5
EE	2
CG	1
PAR	1
AIC	1
UV	1

Resultados que se habrían obtenido con circunscripción regional y reparto de escaños según población:

Partido	Escaños
PSOE	170
AP	102
CDS	27
CIU	19
IU	11
PNV	7
HB	4
EE	2
CG	1

PAR	1
AIC	1
UPV	1
ERC	1
PA	1
PSG	1
MUC	1

De haberse celebrado las elecciones con circunscripción regional, tal como vemos en el último supuesto, los distintos partidos habrían tenido las siguientes diferencias en los resultados:

- Habrían obtenido menos escaños PSOE (-14), AP (-3), HB (-1).
- Habrían obtenido más escaños CDS (+8), IU (+4), CIU (+1), PNV (+1), ERC (+1), PA (+1), PSG (+1), MUC (+1).

1989

Resultados que se habrían obtenido con una circunscripción única y reparto proporcional:

Partido	**Escaños**
PSOE	141
PP	92
IU	32

CIU	18
CDS	28
PNV	4
HB	4
PA	4
UV	3
EA	2
EE	2
PAR	1
AIC	1
OTROS (11)	18

Resultados que se obtuvieron:

Partido	**Escaños**
PSOE	175
PP	107
IU	17
CIU	18
CDS	14
PNV	5
HB	4
PA	2
UV	2
EA	2
EE	2
PAR	1
AIC	1

Resultados que se habrían obtenido con una circunscripción regional y reparto de escaños según población:

Partido	**Escaños**
PSOE	153
PP	100
IU	32
CIU	18
CDS	24
PNV	5
HB	4
PA	4
UV	2
EA	2
EE	2
PAR	1
AIC	1
ERC	1
BNG	1

De haberse celebrado las elecciones con circunscripción regional, tal como vemos en el último supuesto, los distintos partidos habrían tenido las siguientes diferencias en los resultados:

- Habrían obtenido menos escaños PSOE (-22), PP (-7).
- Habrían obtenido más escaños IU (+15), CDS (+10), PA (+2), ERC (+1), BNG (+1).

1993

Resultados que se habrían obtenido con una circunscripción única y reparto proporcional:

Partido	**Escaños**
PSOE	138
PP	123
IU	34
CIU	18
PNV	4
CC	3
HB	3
ERC	3
PAR	2
EA	2
UV	2
CDS	6
OTROS (8)	12

Resultados que se obtuvieron:

Partido	**Escaños**
PSOE	159
PP	141
IU	18
CIU	17

PNV	5
CC	4
HB	2
ERC	1
PAR	1
EA	1
UV	1
CDS	0

Resultados que se habrían obtenido con una circunscripción regional y reparto de escaños según población:

Partido	**Escaños**
PSOE	148
PP	128
IU	31
CIU	18
PNV	5
CC	4
HB	3
ERC	2
PAR	2
EA	2
UV	1
CDS	3
BNG	2
PA	1

De haberse celebrado las elecciones con circunscripción regional, tal como vemos en el último supuesto, los distintos partidos habrían tenido las siguientes diferencias en los resultados:

- Habrían obtenido menos escaños PSOE (-11), PP (-13).
- Habrían obtenido más escaños IU (+13), CIU (+1), HB (+1), ERC (+1), PAR (+1), EA (+1), CDS (+3), BNG (+2), PA (+1).

1996

Resultados que se habrían obtenido con una circunscripción única y reparto proporcional:

Partido	**Escaños**
PP	138
PSOE	134
IU	21
CIU	16
PNV	5
CC	3
BNG	3
HB	3
ERC	2
EA	2
UV	1
OTROS	5

Resultados que se obtuvieron:

Partido	**Escaños**
PP	156
PSOE	141
IU	21
CIU	16
PNV	5
CC	4
BNG	2
HB	2
ERC	1
EA	1
UV	1

Resultados que se habrían obtenido con una circunscripción regional y reparto de escaños según población:

Partido	**Escaños**
PP	144
PSOE	138
IU	32
CIU	16
PNV	5
CC	4
BNG	3
HB	2

ERC	2
EA	1
UV	1
PA	2

De haberse celebrado las elecciones con circunscripción regional, tal como vemos en el último supuesto, los distintos partidos habrían tenido las siguientes diferencias en los resultados:

- Habrían obtenido menos escaños PP (-12), PSOE (-3).
- Habrían obtenido más escaños IU (+11), BNG (+1), ERC (+1), PA (+2).

2000

Resultados que se habrían obtenido con una circunscripción única y reparto proporcional:

Partido	**Escaños**
PP	160
PSOE	122
CIU	15
IU	20
PNV	6
CC	4
BNG	5
PA	3

ERC	3
IC-V	2
EA	2
OTROS (8)	8

Resultados que se habrían obtenido con una circunscripción única y reparto D'Hondt:

Partido	**Escaños**
PP	165
PSOE	127
CIU	15
IU	20
PNV	5
CC	3
BNG	4
PA	3
ERC	3
IC-V	1
EA	1
CHA	1
OTROS (2)	2

Resultados que se habrían obtenido con circunscripción provincial y reparto de escaños según población de la provincia:

Partido	**Escaños**
PP	176
PSOE	128
CIU	16
IU	11
PNV	6
CC	3
BNG	4
PA	1
ERC	2
EA	1
CHA	1
EUIA	1

Resultados que se obtuvieron:

Partido	**Escaños**
PP	183
PSOE	125
CIU	15
IU	8
PNV	7
CC	4
BNG	3
PA	1
ERC	1
IC-V	1

EA	1
CHA	1

Resultados que se habrían obtenido con una circunscripción regional y reparto de escaños según población:

Partido	**Escaños**
PP	165
PSOE	128
CIU	16
IU	17
PNV	6
CC	4
BNG	5
PA	3
ERC	3
EA	2
CHA	1

De haberse celebrado las elecciones con circunscripción regional, tal como vemos en el último supuesto, los distintos partidos habrían tenido las siguientes diferencias en los resultados:

- Habrían obtenido menos escaños PP (-18), PNV (-1), IC-V (-1).
- Habrían obtenido más escaños PSOE (+3), CIU (+1), IU (+9), BNG (+2), PA (+2), ERC (+2), EA (+1).

2004

Resultados que se habrían obtenido con una circunscripción única y reparto proporcional:

Partido	**Escaños**
PSOE	153
PP	135
CIU	12
ERC	9
PNV	6
IU	18
CC	3
BNG	3
CHA	1
EA	1
NA-BAI	1
PA	3
OTROS (5)	5

Resultados que se obtuvieron:

Partido	**Escaños**
PSOE	164
PP	148
CIU	10
ERC	8

PNV	7
IU	5
CC	3
BNG	2
CHA	1
EA	1
NA-BAI	1

Resultados que se habrían obtenido con una circunscripción regional y reparto de escaños según población:

Partido	**Escaños**
PSOE	157
PP	142
CIU	12
ERC	9
PNV	7
IU	12
CC	4
BNG	2
CHA	1
EA	1
NA-BAI	1
PA	2

De haberse celebrado las elecciones con circunscripción regional, tal como vemos en el último supuesto, los distintos partidos habrían tenido las siguientes diferencias en los resultados:

- Habrían obtenido menos escaños PSOE (-7), PP (-6), PNV (-1), IC-V (-1).
- Habrían obtenido más escaños CIU (+2), ERC (+1), IU (+7), CC (+1), PA (+2).

2008

Resultados que se habrían obtenido con una circunscripción única y reparto proporcional:

Partido	**Escaños**
PSOE	156
PP	142
CIU	11
PNV	4
ERC	4
IU	13
BNG	3
CC-PNC	2
UPyD	4
NA-BAI	1
EA	1
OTROS (9)	9

Resultados que se obtuvieron:

Partido	**Escaños**
PSOE	169
PP	154
CIU	10
PNV	6
ERC	3
IU	2
BNG	2
CC-PNC	2
UPyD	1
NA-BAI	1

Resultados que se habrían obtenido con una circunscripción regional y reparto de escaños según población:

Partido	**Escaños**
PSOE	163
PP	146
CIU	12
PNV	5
ERC	4
IU	8
BNG	2
CC-PNC	3
UPyD	1

NA-BAI	1
EA	2
CA	3

De haberse celebrado las elecciones con circunscripción regional, tal como vemos en el último supuesto, los distintos partidos habrían tenido las siguientes diferencias en los resultados:

- Habrían obtenido menos escaños PSOE (-6), PP (-8), PNV (-1).
- Habrían obtenido más escaños CIU (+2), ERC (+1), IU (+6), CC (+1), EA (+2), CA (+3).

2011

Resultados que se habrían obtenido con una circunscripción única y reparto proporcional:

Partido	**Escaños**
PP	160
PSOE	103
CIU	15
IU	25
AMAIUR	5
UPyD	17
PNV	5
ERC	4

BNG	3
CC-NC	2
COMPROMÍS	2
FAC	1
OTROS (7)	8

Resultados que se obtuvieron:

Partido	**Escaños**
PP	186
PSOE	110
CIU	16
IU	11
AMAIUR	7
UPyD	5
PNV	5
ERC	3
BNG	2
CC-NC	2
COMPROMÍS	1
FAC	1
GBAI	1

Resultados que se habrían obtenido con una circunscripción regional y reparto de escaños según población:

Partido	Escaños
PP	171
PSOE	107
CIU	18
IU	21
AMAIUR	5
UPyD	11
PNV	5
ERC	4
BNG	2
CC-NC	1
COMPROMÍS	1
FAC	1
GBAI	1
PA	1
PxC	1

De haberse celebrado las elecciones con circunscripción regional, tal como vemos en el último supuesto, los distintos partidos habrían tenido las siguientes diferencias en los resultados:

- Habrían obtenido menos escaños PP (-15), PSOE (-3), AMAIUR (-2), CC-NC (-1).
- Habrían obtenido más escaños CIU (+2), IU (+10), UPyD (+6), ERC (+1), PA (+1), PxC (+1).

2015

Resultados que se habrían obtenido con una circunscripción única y reparto proporcional:

Partido	**Escaños**
PP	101
PSOE	77
PODEMOS	60
C's	49
EN COMÚN	13
ERC	9
DL	8
PNV	4
IU	13
EH BILDU	3
CCa-PNC	1
PACMA	3
NOS	1
OTROS (7)	8

Resultados que se obtuvieron:

Partido	**Escaños**
PP	123
PSOE	90
PODEMOS	57

C's	40
EN COMÚN	12
ERC	9
DL	8
PNV	6
IU	2
EH BILDU	2
CCa-PNC	1

Resultados que se habrían obtenido con una circunscripción regional y reparto de escaños según población:

Partido	**Escaños**
PP	110
PSOE	80
PODEMOS	63
C's	47
EN COMÚN	15
ERC	9
DL	9
PNV	4
IU	7
EH BILDU	3
CCa-PNC	1
NOS	1
UN CAT	1

De haberse celebrado las elecciones con circunscripción regional, tal como vemos en el último supuesto, los distintos partidos habrían tenido las siguientes diferencias en los resultados:

- Habrían obtenido menos escaños PP (-13), PSOE (-10), PNV (-2).
- Habrían obtenido más escaños PODEMOS (+6), C's (+7), EN COMÚN (+3), DL (+1), IU (+5), EH BILDU (+1), NOS (+1), UN CAT (+1).

2016

Resultados que se habrían obtenido con una circunscripción única y reparto proporcional:

Partido	**Escaños**
PP	116
PSOE	80
PODEMOS	62
C's	46
ECP	13
ERC	9
CDC	7
PNV	4
EH BILDU	3
CC-PNC	1
PACMA	4
OTROS (5)	5

Resultados que se obtuvieron:

Partido	**Escaños**
PP	137
PSOE	85
PODEMOS	71
C's	32
ERC	9
CDC	8
PNV	5
EH BILDU	2
CC-PNC	1

Resultados que se habrían obtenido con una circunscripción regional y reparto de escaños según población:

Partido	**Escaños**
PP	124
PSOE	85
PODEMOS	76
C's	38
ERC	11
CDC	8
PNV	5
EH BILDU	2
CC-PNC	1

De haberse celebrado las elecciones con circunscripción regional, tal como vemos en el último supuesto, los distintos partidos habrían tenido las siguientes diferencias en los resultados:

- Habría obtenido menos escaños PP (-13).
- Habrían obtenido más escaños PODEMOS (+5), C's (+6), ERC (+2).

2019

Resultados que se habrían obtenido con una circunscripción única y reparto proporcional:

Partido	**Escaños**
PSOE	98
PP	73
VOX	53
U. PODEMOS	45
ERC	13
C's	24
JxCAT	8
PNV	6
EH BILDU	4
MÁS PAÍS	6
CUP	4
CC-PNC	2
NA+	2

COMPROMÍS	3
BNG	2
PRC	1
PACMA	3
OTROS (3)	3

Resultados que se obtuvieron:

Partido	**Escaños**
PSOE	120
PP	89
VOX	52
U. PODEMOS	35
ERC	13
C's	10
JxCAT	8
PNV	6
EH BILDU	5
MÁS PAÍS	2
CUP	2
CC-PNC	2
NA+	2
COMPROMÍS	1
BNG	1
PRC	1
TER. EXT	1

Resultados que se habrían obtenido con una circunscripción regional y reparto de escaños según población:

Partido	**Escaños**
PSOE	105
PP	78
VOX	54
U. PODEMOS	47
ERC	14
C's	18
JxCAT	8
PNV	6
EH BILDU	4
MÁS PAÍS	2
CUP	4
CC-PNC	2
NA+	2
COMPROMÍS	3
BNG	2
PRC	1
TER. EXT	0

De haberse celebrado las elecciones con circunscripción regional, tal como vemos en el último supuesto, los distintos partidos habrían tenido las siguientes diferencias en los resultados

- Habrían obtenido menos escaños PSOE (-15), PP (-11), EH BILDU (-1), TER. EXT (-1).

- Habrían obtenido más escaños VOX (+2), PODEMOS (+12), C's (+8), ERC (+1), CUP (+2), COMPROMÍS (+2), BNG (+1).

2023

De haberse celebrado las elecciones con circunscripción regional, tal como vemos en el último supuesto, los distintos partidos habrían tenido las siguientes diferencias en los resultados:

- Habrían obtenido menos escaños PP (-18), PSOE (-3), ERC (-1), EH BILDU (-1), PNV (-1).
- Habrían obtenido más escaños VOX (+8), SUMAR (+11), PNG (+1), CUP (+1), CCa (+1).

En cuanto a los escaños a elegir en cada circunscripción, de forma proporcional a la población de cada región o nacionalidad, en el *Anexo 9* se ofrecen los datos de población y los escaños que les corresponden en cada caso. He utilizado los datos poblacionales correspondientes al principio de cada década, o sea, revisándolos de diez en diez años, pero pueden ser otros periodos, como los que recoge la ley. Lo que sí es conveniente es tener regulado cada cuánto tiempo se hace esa revisión.

Hay que desmentir los comentarios que se dan respecto al sistema electoral. Si tenemos en cuenta los datos de las distintas elecciones que se han producido en España desde 1977 a 2023, se debe afirmar que son falsos los siguientes comentarios:

1.º Que, con la actual ley electoral, los partidos nacionalistas salen beneficiados.

A continuación, veremos el coste de votos por cada escaño conseguido en las distintas elecciones. Tendremos en cuenta varios años y varios partidos:

1982

PSOE	50.136
PP	51.852
CIU	64.394
PNV	49.457
PCE	211.629
HB	105.301
ERC	138.118

1986

PSOE	48.379
PP	49.978
CIU	56.348
PNV	63.791
IU	133.643
HB	90.652
ERC	167.641
CC	46.345

1996

PSOE	66.848
PP	62.282
CIU	71.977
PNV	63.791
IU	125.704
HB	90.652
ERC	167.641
CC	55.105

2004

PSOE	67.233
PP	65.967
CIU	83.547
PNV	60.140
IU	256.816
ERC	81.525
CC	78.407

2008

PSOE	66.801
PP	66.740
CIU	77.943
IU	484.973
ERC	99.378

2019

PSOE	56.602
PP	56.708
JxCAT	66.278
PNV	63.167
U. PODEMOS	91.726
BILDU	55.524
ERC	67.297

2023

PSOE	63.615
PP	59.499
JUNTS	56.091
PNV	55.156
SUMAR	97.226
BILDU	55.561
ERC	66.126

Estos datos demuestran que no es verdad que los partidos nacionalistas salgan beneficiados en el actual sistema de circunscripciones provinciales y reparto de escaños no proporcional a cada provincia.

Con una circunscripción única, los partidos nacionalistas obtendrían prácticamente los mismos resultados; en el caso de ERC, los mejoraría. Con circunscripciones regionales o de nacionalidad y reparto proporcional de escaños a cada circunscripción, los partidos nacionalistas también obtendrían prácticamente los mismos resultados; en el caso de ERC, los mejoraría.

El sistema D'Hondt no es el principal responsable de la desigualdad del reparto de escaños, aunque también aporta algo a esa falta de igualdad, pero en menor medida. El máximo responsable del mal reparto de escaños es la asignación de diputados y diputadas que se da a cada provincia con la ley electoral y también la cantidad de circunscripciones que establece la ley.

Si tenemos en cuenta los distintos supuestos que se plantean en este ensayo, veremos que cambiando las circunscripciones provinciales por las regionales o de nacionalidad y con un reparto de escaños a cada circunscripción que se corresponda con su población, se daría más igualdad a los resultados.

Los principales beneficiados del sistema electoral vigente han sido: en 1977, UCD y PSOE; en 1979, UCD y, en menor medida, PSOE; en 1982, PSOE y, en menor medida, AP y CDS; en 1986, PSOE y, en menor medida, AP; en 1989, PSOE y PP; en 1983, PSOE y AP; en 1996, PP y, en menor medida, PSOE; en 2000, PP; en 2004, PSOE y PP; en 2008, PP y PSOE; en 2011, PP y, en menor medida, PSOE; en 2015, PP y PSOE; en 2016, PP; en 2019, PSOE y PP; en 2023, PP y, en menor medida, PSOE, ERC, EH BILDU y PNV.

Los principales perjudicados fueron: en 1977, PCE, AP y PSP; en 1979, PCE y, en menor medida, CDS; en 1982, UCD y PCE; en 1986, CDS y PCE; en 1989, IU y CDS; en 1983, IU; en 1986, IU; en 2000, IU; en 2004, IU; en 2008, IU; en 2011, IU y UPyD; en 2015, PODEMOS, IU, C's y EN COMUN; en 2016, PODEMOS y C's; en 2019, PODEMOS y C's; en 2023, SUMAR, VOX, PNG, CUP y CCa.

En cuanto a los partidos nacionalistas, en unas elecciones salen beneficiados y en otras perjudicados, siendo ERC quien más perjudicado sale, pero normalmente las diferencias son de más o menos un escaño, con alguna excepción de dos escaños.

En conclusión, los más beneficiados han sido UCD, PP y PSOE, y los más perjudicados, PCE, IU, C's, PODEMOS, CDS, PSP, y AP y UCD excepcionalmente, pero en ambos casos el balance es positivo. Los que siempre han sido perjudicados son PCE e IU.

UCD, PP y PSOE sacan las diferencias positivas para ellos, sobre todo en las circunscripciones pequeñas y sobrerrepresentadas, donde los escaños cuestan menos en votos que en las demás.

Argumentos para mantener o cambiar los aspectos negativos de la Ley Orgánica 5/1985, de 19 de junio, de Régimen Electoral General (ley electoral) serían los que siguen.

En cuanto al reparto de escaños por provincias, estableciendo un mínimo de escaños a elegir, se argumenta que, de no ser así, se les dejaría con una representación mínima, en algunos casos un diputado o diputada que elegir, que no se les tendría en cuenta. Por el contrario, se puede asegurar que en las provincias a las que se les da más representación que la que les correspondería por su población, los partidos que salen beneficiados de ese reparto no solo han tenido la representación en exclusiva de esas provincias, sino que esos escaños conseguidos en ellas les han permitido gobernar.

Sin embargo, el resultado para esa España despoblada no se ha visto reflejado en políticas de desarrollo de esas zonas; por el contrario, se han visto cada día más despobladas, no solamente proporcionalmente al resto del Estado, también en el número de habitantes, que ha disminuido (ver *Anexo 10*). Con lo anteriormente dicho, se puede ver cuál es el objetivo de esa sobrerrepresentación electoral, que no es otra que tener unas provincias al servicio de unas mayorías con el coste en votos muy bajo. Se puede tener otras circunscripciones donde si se les aplica la proporcionalidad de los habitantes de estas, no se tenga que elegir uno o dos escaños. La circunscripción regional permite que se puedan asignar escaños en proporción de la población de cada región. Tan solo sería La Rioja la que elegiría dos escaños, el resto de las circunscripciones pequeñas elegirían cuatro.

Otra de las razones que se esgrimen desde el comienzo de la democracia es que se multiplica el número de grupos en el Parlamento y esa atomización no permitiría gobiernos estables. La experiencia nos demuestra que sí se puede gobernar sin el bipartidismo, es cuestión de voluntad, de diálogo y acuerdos. ¿Es más incómodo que gobernar uno solo? Sí, pero resulta más representativo de la ciudadanía también. Además, la mayor polarización se da si la circunscripción es única y el reparto de diputadas y diputados se diera en forma proporcional, pues grupos que, en muchos casos, no reciben más de mil votos por provincia tendrían escaños. Por ello, la circunscripción regional, sin hacer un reparto totalmente justo de los votos, consigue una representación de los grupos políticos más justa y equitativa, representa más fielmente la proporcionalidad de lo que la ciudadanía vota.

Incluso en las primeras elecciones, momento difícil y sin experiencias, de haber sido una circunscripción regional con reparto proporcional de escaños a cada región hubiera sido posible gobernar. De hecho, UCD no tenía mayoría absoluta y fue capaz de formar Gobierno. Es verdad que sin experiencias y siendo menor el número de diputadas y diputados en el caso del partido mayoritario, UCD, las dificultades se hubieran multiplicado, por ello las dos primeras legislaturas se podrían dar por buenas las circunscripciones provinciales —o sea, el reparto de escaños que establece la ley—; además, no estaban constituidas las comunidades autónomas o nacionalidades.

En las elecciones de 2023, de haberse celebrado con circunscripción regional, con reparto de escaños en proporción a su población, la mayoría para formar Gobierno hubiese necesitado un menor número de partidos, con seis se habría tenido la mayoría absoluta, mientras que con la aplicación de la actual ley se han necesitado ocho grupos.

Conclusión

Para que los resultados electorales reflejen una mayor justicia, una mejor representación en función de lo que la ciudadanía vota, produciéndose una mayor proporcionalidad, una mayor pluralidad en función de lo que la ciudadanía vota, se tiene que modificar la Ley Orgánica 5/1985, de 19 de junio, de Régimen Electoral General.

Una de las cuestiones prioritarias del cambio de la ley electoral sería otro modelo de circunscripción, siendo esta regional o de nacionalidad, y un reparto de escaños a cada circunscripción en proporción a su población.

Sin ser tan proporcional como la circunscripción única, aun siendo los beneficiados los mismos que actualmente se reparten más escaños proporcionalmente a sus votos totales, los perjudicados también serían los mismos, pero lo son en menor medida; se da una distribución más justa. Además, la circunscripción única no sería posible.

Senado

En lo referente al Senado, merecería la pena hacer un análisis más profundo, no solo en cuanto a los resultados y la asignación de senadoras y senadores en las elecciones de 2023.

Aquí, en lo referente al Senado, tan solo se abordarán los resultados de las elecciones de 2023: el número de candidatos y candidatas que se presentaron; el número de votos que obtuvieron, tanto las candidatas como los candidatos, y los que consiguieron escaño y los que no. Esto se presentará agrupando los votos de cada uno de los aspirantes en sus respectivos partidos.

Se tendrán en cuenta:

- Los resultados oficiales que se produjeron en las elecciones de 2023.
- El reparto de escaños que se habría producido de haber sido proporcional a los votos obtenidos y en una circunscripción única.

Se presentaron 1.152 candidatas o candidatos.

Recibieron un total de 68.346.844 votos.

Consiguieron escaño 208 candidatas y candidatos, que obtuvieron un total de 34.009.158 votos.

Los 944 candidatas o candidatos que no consiguieron escaño obtuvieron 34.337.686 votos.

Si el total de votos fue 68.346.844, lo dividimos entre tres, que es el total de los candidatos que un elector puede elegir, y el resultado sería 22.748.948. Si al Congreso todos los candidatos juntos obtuvieron 24.487.161, en teoría habrían votado un total de 1.738.213 menos en el Senado, lo que representa el 7 % menos.

Se registraron 24.413.924 votantes, es decir, 329.688 menos que los que se registraron en la elección al Congreso.

Los votos en blanco fueron 380.580, esto es, 191.188 más que los registrados al Congreso.

La obtención fue del 29,58 %, un 0,02 % menor que al Congreso, es decir, prácticamente igual.

Podríamos decir que se produjo una abstención o voto en blanco parcial, o sea, que dejaron de poner la cruz en cada papeleta a uno o a dos candidatos o candidatas, lo que representaría que 920.529 candidatos o candidatas se quedaran en blanco (los que votaron tan solo a uno o dos candidatos de los tres que se pueden votar), lo que representa el 7 % menos de participación en el Senado que al Congreso.

Las candidatas o candidatos que obtuvieron escaños, agrupados en sus respectivos partidos, recibieron un total de votos y número de escaños que a continuación se exponen:

Partido	**Votos**	**Escaños**
PP	20.539.428	121
PSOE	11.715.546	72
EH BILDU	384.893	4
PNV	598.893	4
ERC	603.496	3

JUNTS	73.006	1
UPN	66.132	1
Agrup. Herr. Ind.	2.189	1
Formentera	263	1

Las candidatas o candidatos que no obtuvieron escaño sumaron en total los siguientes votos, agrupados en cada partido de referencia:

Partido	**Votos**
PP	3.667.250
PSOE	9.869.774
EH BILDU	625.014
PNV	861.972
ERC	783.300
JUNST	1.179.620
UPN	122.445
SUMAR	7.462.032
VOX	7.235.026
BNG	515.707
OTROS	1.687.018

Los votos totales, tanto a las candidaturas que consiguieron escaño como a las que no lo consiguieron, fueron los siguientes, agrupados por partido político:

Partido	**Votos**
PP	24.206.678
PSOE	21.585.290
EH BILDU	1.009.907
PNV	961.976
ERC	1.386.796
JUNTS	1.252.626
UPN	188.577
Agrup. Herr. Ind.	2.189
Formentera	26.389
SUMAR	7.462.032
VOX	7.235.026
BNG	515.707

A continuación, veremos el porcentaje de votos obtenidos por cada partido o agrupación y el porcentaje de escaños que les asignó la ley electoral:

Partido	**% Votos**	**% Escaños**
PP	35,720	56,173
PSOE	31,852	34,615
EH BILDU	1,490	1,923
PNV	1,272	1,923
ERC	2,046	1,442
JUNTS	1,848	0,481
UPN	0,278	0,481
Agrup. Herr. Ind.	0,003	0,481

Formentera	0,039	0,481
SUMAR	11,011	0
VOX	10,676	0
BNG	0,761	0

Con una circunscripción única habrían obtenido los siguientes escaños:

Partido	**Escaños**
PP	75
PSOE	67
EH BILDU	3
PNV	3
ERC	5
JUNST	4
UPN	1
SUMAR	23
VOX	23
BNG	2
OTROS	2

En cuanto al Senado, este estudio solo ha recogido los datos del *BOE* de las elecciones de 2023, donde aparecen los votos individuales obtenidos por cada candidato o candidata, por lo que ha habido que sumarlos para hacer una valoración global, resultando un total de 1.152 candidatos y candidatas, con un total de votos de 68.346.844.

En un principio, la pretensión tan solo era afrontar las elecciones al Congreso, pero no he sido capaz de resistirme a hacer este pequeño análisis, que, con muchas carencias, demuestra una extrema injusticia en los resultados.

Conclusión

El sistema de reparto de escaños a cada provincia es desproporcionado; el sistema de votación y de reparto de escaños a cada partido o grupo político es injusto, no se tiene en cuenta la voluntad expresada en las urnas, tanto en la pluralidad como en la proporcionalidad. Es un sistema perverso.

El Senado, a mi parecer, es un problema, pues una minoría obtiene una mayoría muy abultada, deja fuera a la mayoría de los grupos políticos, con votos suficientes para obtener escaño. El sistema de reparto de representantes en el Senado tan solo tiene un pequeño contrapeso, que, de no tenerlo, el sistema perverso de asignación de escaños podría asignar casi todos a un mismo partido.

Este contrapeso es que de cuatro senadores a elegir en cada provincia, solo se puede votar a tres; de no ser así, todos los senadores de cada circunscripción serían asignados al mismo partido, con solo tener un voto de diferencia.

Se tendría que repensar, entre otras cosas: si es necesario el Senado; las funciones que, en su caso, debería tener el Senado; quiénes, en caso de ser necesario, tendrían que componer el Senado, en función de las atribuciones que se les asignaran.

Una humilde propuesta:

1. Que el Senado sea de verdad una cámara de representación territorial, que aborde los temas autonómicos.

2. Que esté compuesto de un número reducido de escaños, por ejemplo: por los presidentes de las comunidades y nacionalidades de nuestro país, más un pequeño número de miembros elegidos en las respectivas asambleas legislativas.

3. Que sus competencias abarquen los temas territoriales, con capacidad de propuestas legislativas, pero sin ser una cámara de doble lectura, sin capacidad de vetos, tan solo en las leyes que afecten al territorio, pero la última decisión que sea del Congreso, ya que este refleja mejor la voluntad popular.

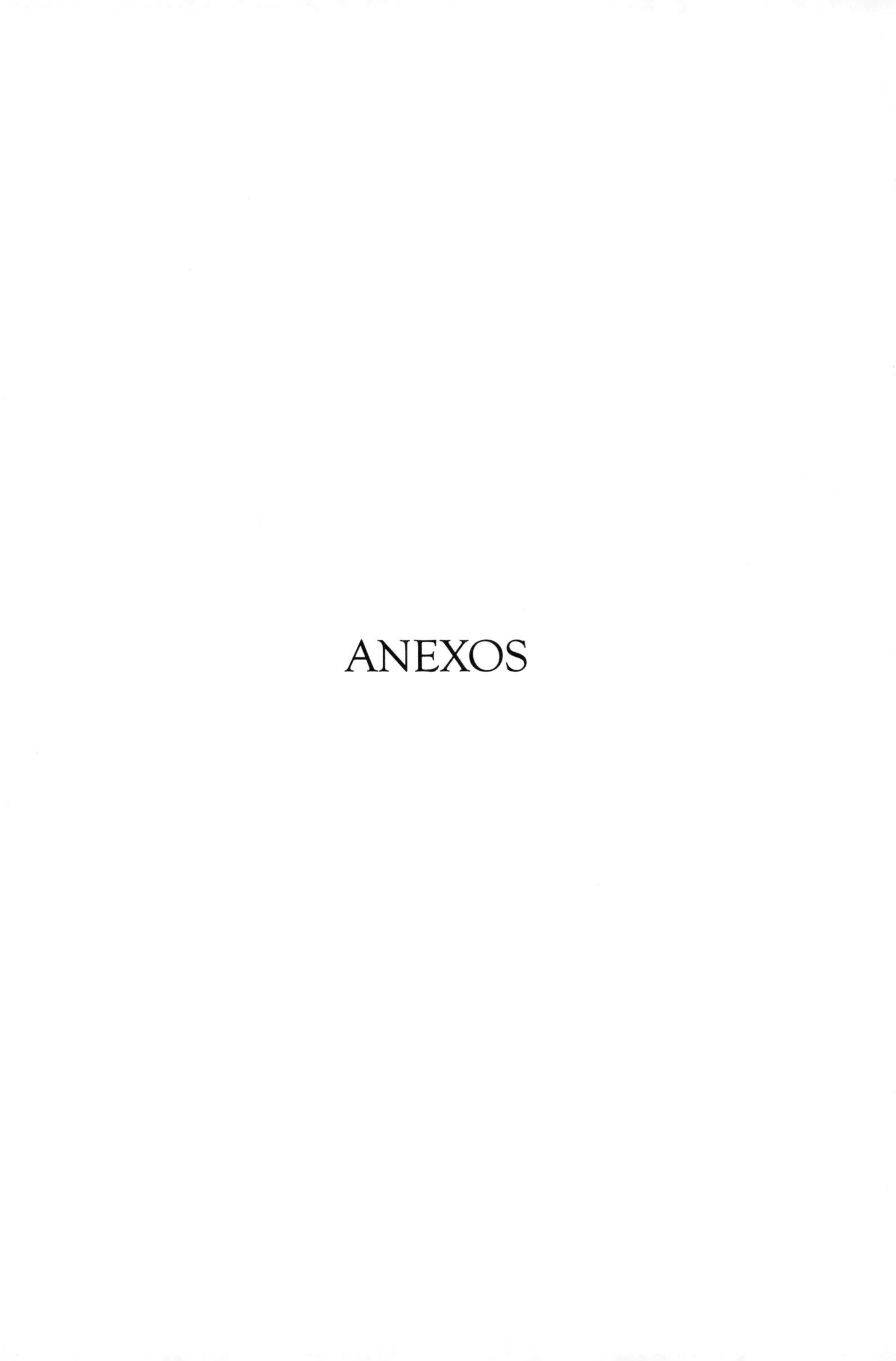

ANEXOS

Anexo 1

Elecciones de 2023

Circunscripción única

Sistema de reparto D'Hondt

	PP	PSOE	VOX	SUMAR	ERC	JUNTS	EH BILDU	PNV	PNG	CCa	PACMA	CUP
1	8.160.837	7.821.718	3.057.000	3.044.996	466.020	395.429	335.129	277.289	153.995	116.363	169.237	99.644
2	4.080.419	3.910.859	1.528.500	1.522.498	233.010	197.715	167.565	138.645	76.998	58.182	84.619	49.822
3	2.720.279	2.607.239	1.019.000	1.014.999	155.340	131.810	111.710	92.430	51.332	38.788	56.412	33.215
4	2.040.209	1.955.430	764.250	761.249	116.505	98.857	83.782	69.322	38.499	29.091	42.309	24.911
5	1.632.167	1.564.344	611.400	608.999	93.204	79.086	67.026	55.458	30.799	23.273	33.847	19.929
6	1.360.140	1.303.620	509.500	507.499	77.670	65.905	55.855	46.215	25.666	19.394	28.206	16.607
7	1.165.834	1.117.388	436.714	434.999	66.574	56.490	47.876	39.613	21.999	16.623	24.177	14.235
8	1.020.105	977.715	382.125	380.625	58.253	49.429	41.891	34.661	19.249	14.545	21.155	12.456
9	906.760	869.080	339.667	338.333	51.780	43.937	37.237	30.810	17.111	12.929	18.804	11.072
10	816.084	782.172	305.700	304.500	46.602	39.543	33.513	27.729	15.400	11.636	16.924	9.964
11	741.894	711.065	277.909	276.818	42.365	35.948	30.466	25.208	14.000	10.578	15.385	9.059
12	680.070	651.810	254.750	253.750	38.835	32.952	27.927	23.107	12.833	9.697	14.103	8.304
13	627.757	601.671	235.154	234.230	35.848	30.418	25.779	21.330	11.846	8.951	13.018	7.665
14	582.917	558.694	218.357	217.500	33.287	28.245	23.938	19.806	11.000	8.312	12.088	7.117
15	544.056	521.448	203.800	203.000	31.068	26.362	22.342	18.486	10.266	7.758	11.282	6.643
16	510.052	488.857	191.063	190.312	29.126	24.714	20.946	17.331	9.625	7.273	10.577	6.228
17	480.049	460.101	179.824	179.117	27.413	23.261	19.713	16.311	9.059	6.845	9.955	5.861
18	453.380	434.540	169.833	169.166	25.890	21.968	18.618	15.405	8.555	6.465	9.402	5.536
19	429.518	411.669	160.895	160.263	24.527	20.812	17.638	14.594	8.105	6.124	8.907	5.244
20	408.042	391.086	152.850	152.250	23.301	19.771	16.756	13.864	7.700	5.818	8.462	4.982
21	388.611	372.463	145.571	145.000	22.191	18.830	15.959	13.204	7.333	5.541	8.059	4.745
22	370.947	355.533	138.955	138.409	21.183	17.974	15.233	12.604	7.000	5.289	7.693	4.529
23	354.819	340.075	132.913	132.391	20.262	17.193	14.571	12.056	6.695	5.059	7.358	4.332
24	340.035	325.905	127.375	126.875	19.418	16.476	13.964	11.554	6.416	4.848	7.052	4.152
25	326.433	312.869	122.280	121.800	18.641	15.817	13.405	11.092	6.160	4.655	6.769	3.986
26	313.878	300.835	117.577	117.115	17.924	15.209	12.890	10.665	5.923	4.476	6.509	3.832
27	302.253	289.693	113.222	112.778	17.260	14.646	12.412	10.270	5.704	4.310	6.268	3.691
28	291.458	279.347	109.179	108.750	16.644	14.122	11.969	9.903	5.500	4.156	6.044	3.559

29	281.408	269.714	105.414	105.000	16.070	13.635	11.556	9.562	5.310	4.013	5.836	3.436
30	272.028	260.724	101.900	101.500	15.534	13.181	11.171	9.243	5.133	3.879	5.641	3.321
31	263.253	252.313	98.613	98.226	15.033	12.756	10.811	8.945	4.968	3.754	5.459	3.214
32	255.026	244.429	95.531	95.156	14.563	12.357	10.473	8.665	4.812	3.636	5.289	3.114
33	247.298	237.022	92.636	92.273	14.122	11.983	10.155	8.403	4.667	3.526	5.128	3.020
34	240.025	230.051	89.912	89.559	13.706	11.630	9.857	8.156	4.529	3.422	4.978	2.931
35	233.167	223.478	87.343	87.000	13.315	11.298	9.575	7.923	4.400	3.325	4.835	2.847
36	226.690	217.270	84.917	84.583	12.945	10.984	9.309	7.702	4.278	3.232	4.701	2.768
37	220.563	211.398	82.622	82.297	12.595	10.687	9.058	7.494	4.162	3.145	4.574	2.693
38	214.759	205.835	80.447	80.131	12.264	10.406	8.819	7.297	4.053	3.062	4.454	2.622
39	209.252	200.557	78.385	78.077	11.949	10.139	8.593	7.110	3.949	2.984	4.339	2.555
40	204.021	195.543	76.425	76.125	11.651	9.886	8.378	6.932	3.850	2.909	4.231	2.491
41	199.045	190.774	74.561	74.268	11.366	9.645	8.174	6.763	3.756	2.838	4.128	2.430
42	194.306	186.231	72.786	72.500	11.096	9.415	7.979	6.602	3.667	2.771	4.029	2.372
43	189.787	181.900	71.093	70.814	10.838	9.196	7.794	6.449	3.581	2.706	3.936	2.317
44	185.474	177.766	69.477	69.204	10.591	8.987	7.617	6.302	3.500	2.645	3.846	2.265
45	181.352	173.816	67.933	67.667	10.356	8.787	7.447	6.162	3.422	2.586	3.761	2.214
46	177.410	170.037	66.457	66.196	10.131	8.596	7.285	6.028	3.348	2.530	3.679	2.166
47	173.635	166.420	65.043	64.787	9.915	8.413	7.130	5.900	3.276	2.476	3.601	2.120
48	170.017	162.952	63.688	63.437	9.709	8.238	6.982	5.777	3.208	2.424	3.526	2.076
49	166.548	159.627	62.388	62.143	9.511	8.070	6.839	5.659	3.143	2.375	3.454	2.034
50	163.217	156.434	61.140	60.900	9.320	7.909	6.703	5.546	3.080	2.327	3.385	1.993
51	160.016	153.367	59.941	59.706	9.138	7.754	6.571	5.437	3.020	2.282	3.318	1.954
52	156.939	150.418	58.788	58.558	8.962	7.604	6.445	5.332	2.961	2.238	3.255	1.916
53	153.978	147.580	57.679	57.453	8.793	7.461	6.323	5.232	2.906	2.196	3.193	1.880
54	151.127	144.847	56.611	56.389	8.630	7.323	6.206	5.135	2.852	2.155	3.134	1.845
55	148.379	142.213	55.582	55.364	8.473	7.190	6.093	5.042	2.800	2.116	3.077	1.812
56	145.729	139.674	54.589	54.375	8.322	7.061	5.984	4.952	2.750	2.078	3.022	1.779
57	143.173	137.223	53.632	53.421	8.176	6.937	5.879	4.865	2.702	2.041	2.969	1.748
58	140.704	134.857	52.707	52.500	8.035	6.818	5.778	4.781	2.655	2.006	2.918	1.718
59	138.319	132.571	51.814	51.610	7.899	6.702	5.680	4.700	2.610	1.972	2.868	1.689
60	136.014	130.362	50.950	50.750	7.767	6.590	5.585	4.621	2.567	1.939	2.821	1.661
61	133.784	128.225	50.115	49.918	7.640	6.482	5.494	4.546	2.525	1.908	2.774	1.634
62	131.626	126.157	49.306	49.113	7.516	6.378	5.405	4.472	2.484	1.877	2.730	1.607
63	129.537	124.154	48.524	48.333	7.397	6.277	5.320	4.401	2.444	1.847	2.686	1.582
64	127.513	122.214	47.766	47.578	7.282	6.179	5.236	4.333	2.406	1.818	2.644	1.557
65	125.551	120.334	47.031	46.846	7.170	6.084	5.156	4.266	2.369	1.790	2.604	1.533
66	123.649	118.511	46.318	46.136	7.061	5.991	5.078	4.201	2.333	1.763	2.564	1.510
67	121.804	116.742	45.627	45.448	6.956	5.902	5.002	4.139	2.298	1.737	2.526	1.487

68	120.012	115.025	44.956	44.779	6.853	5.815	4.928	4.078	2.265	1.711	2.489	1.465
69	118.273	113.358	44.304	44.130	6.754	5.731	4.857	4.019	2.232	1.686	2.453	1.444
70	116.583	111.739	43.671	43.500	6.657	5.649	4.788	3.961	2.200	1.662	2.418	1.423
71	114.941	110.165	43.056	42.887	6.564	5.569	4.720	3.905	2.169	1.639	2.384	1.403
72	113.345	108.635	42.458	42.292	6.473	5.492	4.655	3.851	2.139	1.616	2.351	1.384
73	111.792	107.147	41.877	41.712	6.384	5.417	4.591	3.798	2.110	1.594	2.318	1.365
74	110.282	105.699	41.311	41.149	6.298	5.344	4.529	3.747	2.081	1.572	2.287	1.347
75	108.811	104.290	40.760	40.600	6.214	5.272	4.468	3.697	2.053	1.552	2.256	1.329
76	107.379	102.917	40.224	40.066	6.132	5.203	4.410	3.649	2.026	1.531	2.227	1.311
77	105.985	101.581	39.701	39.545	6.052	5.135	4.352	3.601	2.000	1.511	2.198	1.294
78	104.626	100.278	39.192	39.038	5.975	5.070	4.297	3.555	1.974	1.492	2.170	1.277
79	103.302	99.009	38.696	38.544	5.899	5.005	4.242	3.510	1.949	1.473	2.142	1.261
80	102.010	97.771	38.213	38.062	5.825	4.943	4.189	3.466	1.925	1.455	2.115	1.246
81	100.751	96.564	37.741	37.593	5.753	4.882	4.137	3.423	1.901	1.437	2.089	1.230
82	99.522	95.387	37.280	37.134	5.683	4.822	4.087	3.382	1.878	1.419	2.064	1.215
83	98.323	94.238	36.831	36.687	5.615	4.764	4.038	3.341	1.855	1.402	2.039	1.201
84	97.153	93.116	36.393	36.250	5.548	4.707	3.990	3.301	1.833	1.385	2.015	1.186
85	96.010	92.020	35.965	35.823	5.483	4.652	3.943	3.262	1.812	1.369	1.991	1.172
86	94.893	90.950	35.547	35.407	5.419	4.598	3.897	3.224	1.791	1.353	1.968	1.159
87	93.803	89.905	35.138	35.000	5.357	4.545	3.852	3.187	1.770	1.338	1.945	1.145
88	92.737	88.883	34.739	34.602	5.296	4.494	3.808	3.151	1.750	1.322	1.923	1.132
89	91.695	87.884	34.348	34.213	5.236	4.443	3.765	3.116	1.730	1.307	1.902	1.120
90	90.676	86.908	33.967	33.833	5.178	4.394	3.724	3.081	1.711	1.293	1.880	1.107
91	89.680	85.953	33.593	33.461	5.121	4.345	3.683	3.047	1.692	1.279	1.860	1.095
92	88.705	85.019	33.228	33.098	5.065	4.298	3.643	3.014	1.674	1.265	1.840	1.083
93	87.751	84.104	32.871	32.742	5.011	4.252	3.604	2.982	1.656	1.251	1.820	1.071
94	86.817	83.210	32.521	32.394	4.958	4.207	3.565	2.950	1.638	1.238	1.800	1.060
95	85.904	82.334	32.179	32.053	4.905	4.162	3.528	2.919	1.621	1.225	1.781	1.049
96	85.009	81.476	31.844	31.719	4.854	4.119	3.491	2.888	1.604	1.212	1.763	1.038
97	84.132	80.636	31.515	31.392	4.804	4.077	3.455	2.859	1.588	1.200	1.745	1.027
98	83.274	79.813	31.194	31.071	4.755	4.035	3.420	2.829	1.571	1.187	1.727	1.017
99	82.433	79.007	30.879	30.758	4.707	3.994	3.385	2.801	1.556	1.175	1.709	1.007
100	81.608	78.217	30.570	30.450	4.660	3.954	3.351	2.773	1.540	1.164	1.692	996
101	80.800	77.443	30.267	30.148	4.614	3.915	3.318	2.745	1.525	1.152	1.676	987
102	80.008	76.684	29.971	29.853	4.569	3.877	3.286	2.719	1.510	1.141	1.659	977
103	79.231	75.939	29.680	29.563	4.524	3.839	3.254	2.692	1.495	1.130	1.643	967
104	78.470	75.209	29.394	29.279	4.481	3.802	3.222	2.666	1.481	1.119	1.627	958
105	77.722	74.493	29.114	29.000	4.438	3.766	3.192	2.641	1.467	1.108	1.612	949
106	76.989	73.790	28.840	28.726	4.396	3.730	3.162	2.616	1.453	1.098	1.597	940

107	76.270	73.100	28.570	28.458	4.355	3.696	3.132	2.591	1.439	1.088	1.582	931
108	75.563	72.423	28.306	28.194	4.315	3.661	3.103	2.567	1.426	1.077	1.567	923
109	74.870	71.759	28.046	27.936	4.275	3.628	3.075	2.544	1.413	1.068	1.553	914
110	74.189	71.107	27.791	27.682	4.237	3.595	3.047	2.521	1.400	1.058	1.539	906
111	73.521	70.466	27.541	27.432	4.198	3.562	3.019	2.498	1.387	1.048	1.525	898
112	72.865	69.837	27.295	27.187	4.161	3.531	2.992	2.476	1.375	1.039	1.511	890
113	72.220	69.219	27.053	26.947	4.124	3.499	2.966	2.454	1.363	1.030	1.498	882
114	71.586	68.612	26.816	26.710	4.088	3.469	2.940	2.432	1.351	1.021	1.485	874
115	70.964	68.015	26.583	26.478	4.052	3.439	2.914	2.411	1.339	1.012	1.472	866
116	70.352	67.429	26.353	26.250	4.017	3.409	2.889	2.390	1.328	1.003	1.459	859
117	69.751	66.852	26.128	26.026	3.983	3.380	2.864	2.370	1.316	995	1.446	852
118	69.160	66.286	25.907	25.805	3.949	3.351	2.840	2.350	1.305	986	1.434	844
119	68.578	65.729	25.689	25.588	3.916	3.323	2.816	2.330	1.294	978	1.422	837
120	68.007	65.181	25.475	25.375	3.884	3.295	2.793	2.311	1.283	970	1.410	830
	120	115	45	45	6	5	4	4	2	1	2	1

Anexo 2

Elecciones de 2023
Circunscripción única
Reparto proporcional

	PP	PSOE	VOX	SUMAR	ERC	JUMS	EH BILDU	PNV	BNG	CC	UPM
VOTOS	8.160.837	7.821.718	3.057.000	3.044.996	466.020	395.429	335.129	277.289	153.395	116.363	52.188
PORCENTAJE	33,327	31,942	12,484	12,435	1,903	1,615	1,369	1,132	0,626	0,475	0,213
RESULTADO	116,643	111,796	43,694	43,522	6,661	5,652	4,790	3,963	2,192	1,663	0,746
REDONDEO	117	112	44	44	7	6	5	4	2	2	1

	PACMA	CUP	FO	Nca	PDyC	OTROS 42
VOTOS	169.237	99.644	46.274	45.595	32.016	214.276
PORCENTAJE	0,691	0,407	0,189	0,186	0,131	0,875
RESULTADO	2,419	1,424	0,661	0,652	0,458	
REDONDEO	2	1	1	1	1	0

Anexo 3

ANDALUCÍA

ALMERÍA 6

	PP	PSOE	VOX	SUMAR
1	131.524	93.282	68.364	68.364
2	65.762	46.641	34.182	34.182
3	43.841	31.094	22.788	22.788
ESCAÑOS	3	2	1	0

CÁDIZ 9

	PP	PSOE	VOX	SUMAR
1	221.703	211.200	96.720	82.115
2	110.852	105.600	48.360	41.058
3	73.901	70.400	32.240	27.372
4	55.426	52.800	24.180	20.529
ESCAÑOS	4	3	1	1

CÓRDOBA 6

	PP	PSOE	VOX	SUMAR
1	169.976	144.080	62.526	61.594
2	84.988	72.040	31.263	30.797
ESCAÑOS	2	2	1	1

GRANADA 7

	PP	PSOE	VOX	SUMAR
1	185.996	165.862	81.080	58.567
2	92.998	82.931	40.540	29.284
3	61.999	55.287	27.027	19.522
ESCAÑOS	3	2	1	1

HUELVA 4

	PP	PSOE	VOX	SUMAR
1	93.565	92.326	37.572	26.752
2	46.783	46.163	18.786	13.376
ESCAÑOS	2	2	0	0

JAÉN 5

	PP	PSOE	VOX	SUMAR
1	137.617	133.819	54.400	29.461
2	68.809	66.910	27.200	14.731
ESCAÑOS	2	2	1	0

MÁLAGA 13

	PP	PSOE	VOX	SUMAR
1	302.000	239.172	129.758	96.652
2	151.000	119.586	64.879	48.326
3	100.667	79.724	43.253	32.217
4	75.500	59.793	32.440	24.163
5	60.400	47.834	25.952	19.330
6	50.333	39.862	21.626	16.109
ESCAÑOS	6	4	2	1

SEVILLA 14

	PP	PSOE	VOX	SUMAR
1	353.663	387.760	141.087	148.745
2	176.832	193.880	70.544	74.373
3	117.888	129.253	47.029	49.582
4	88.416	96.940	35.272	37.186
5	70.733	77.552	28.217	29.749
ESCAÑOS	5	5	2	2

ARAGÓN

HUESCA 2

2	PP	PSOE	VOX	SUMAR
1	45.783	40.307	15.155	13.774
ESCAÑOS	1	1	0	0

TERUEL 1

1	26.586	22.226	9.932	4.126
ESCAÑOS	1	0	0	0

ZARAGOZA 7

	PP	PSOE	VOX	SUMAR
1	186.776	159.858	79.376	69.925
2	93.388	79.929	39.688	34.963
3	62.259	53.286	26.459	23.308
ESCAÑOS	3	2	1	1

ASTURIAS 7

	PP	PSOE	VOX	SUMAR
1	212.816	205.049	74.571	88.630
2	106.408	102.525	37.286	44.315
3	70.939	68.350	24.857	29.543
ESCAÑOS	3	2	1	1

BALEARES 9

	PP	PSOE	VOX	SUMAR
1	179.303	151.786	76.547	83.487
2	89.652	75.893	38.274	41.744
3	59.768	50.595	25.516	27.829
4	44.826	37.947	19.137	20.872
ESCAÑOS	4	3	1	1

CANARIAS

LAS PALMAS 8

	PP	PSOE	VOX	SUMAR	CCa
1	136.857	175.671	77.343	54.369	
2	68.429	87.836	38.672	27.185	
3	45.619	58.557	25.781	18.123	
ESCAÑOS	3	3	1	1	

SANTA CRUZ DE TENERIFE 8

8	PP	PSOE	VOX	SUMAR	CCa
1	174.770	165.590		53.632	82.805
2	87.385	82.795	0	26.816	41.403
3	58.257	55.197	0	17.877	27.602
ESCAÑOS	3	3	0	1	1

CANTABRIA 4

	PP	PSOE	VOX	SUMAR
1	147.326	116.596	49.234	29.713
2	73.663	58.298	24.617	14.857
ESCAÑOS	2	2	0	0

CASTILLA Y LEÓN

ÁVILA 1

	PP	PSOE	VOX	SUMAR
	42.369	26.828	15.069	5.027
ESCAÑOS	1	0	0	0

BURGOS 3

	PP	PSOE	VOX	SUMAR
1	82.329	69.775	25.858	17.508
2	41.165	34.888	12.929	8.754
ESCAÑOS	2	1	0	0

LEÓN 3

	PP	PSOE	VOX	SUMAR
1	101.605	92.578	35.451	18.577
2	50.803	46.289	17.726	9.289
ESCAÑOS	2	1	0	0

PALENCIA 1

	PP	PSOE	VOX	SUMAR
	40.709	33.613	12.504	5.877
ESCAÑOS	1	0	0	0

SALAMANCA 2

	PP	PSOE	VOX	SUMAR
1	93.318	60.718	29.203	11.012
ESCAÑOS	1	1	0	0

SEGOVIA 1

	PP	PSOE	VOX	SUMAR
	39.894	27.113	12.510	7.137
ESCAÑOS	1	0	0	0

SORIA 1

	PP	PSOE	VOX	SUMAR
	18.895	14.966	4.978	1.711
ESCAÑOS	1	0	0	0

VALLADOLID 4

	PP	PSOE	VOX	SUMAR
1	129.170	103.596	47.948	28.049
2	64.585	51.798	23.974	14.025
ESCAÑOS	2	2	0	0

ZAMORA 1

	PP	PSOE	VOX	SUMAR
	46.196	33.601	13.652	5.839
ESCAÑOS	1	0	0	0

CASTILLA-LA MANCHA

ALBACETE 3

	PP	PSOE	VOX	SUMAR
1	88.299	76.322	3.675	15.834
2	44.150	38.161	1.838	7.917
ESCAÑOS	2	1	0	0

CIUDAD REAL 4

	PP	PSOE	VOX	SUMAR
1	114.709	100.102	46.046	17.405
2	57.355	50.051	23.023	8.703
ESCAÑOS	2	2	0	0

CUENCA 2

	PP	PSOE	VOX	SUMAR
1	45.255	42.528	17.700	6.325
ESCAÑOS	1	1	0	0

GUADALAJARA 2

	PP	PSOE	VOX	SUMAR
1	51.195	46.479	27.126	12.907
ESCAÑOS	1	1	0	0

TOLEDO 5

	PP	PSOE	VOX	SUMAR
1	146.533	126.072	76.044	31.876
2	73.267	63.036	38.022	15.938
ESCAÑOS	2	2	1	0

EXTREMADURA

BADAJOZ 5

	PP	PSOE	VOX	SUMAR
1	148.068	153.473	53.492	26.778
2	74.034	76.737	26.746	13.389
ESCAÑOS	2	2	1	0

CÁCERES 3

	PP	PSOE	VOX	SUMAR
1	89.633	91.692	32.076	16.354
2	44.817	45.846	16.038	8.177
ESCAÑOS	1	2	0	0

COMUNIDAD VALENCIANA

ALICANTE 14

	PP	PSOE	VOX	SUMAR
1	320.293	287.737	146.133	115.787
2	160.147	143.869	73.067	57.894
3	106.764	95.912	48.711	38.596
4	80.073	71.934	36.533	28.947
5	64.059	57.547	29.227	23.157
ESCAÑOS	5	5	2	2

CASTELLÓN 4

	PP	PSOE	VOX	SUMAR
1	108.302	100.530	48.913	44.187
2	54.151	50.265	24.457	22.094
ESCAÑOS	2	2	0	0

VALENCIA 19

	PP	PSOE	VOX	SUMAR
1	483.469	461.353	218.657	242.839
2	241.735	230.677	109.329	121.420
3	161.156	153.784	72.886	80.946
4	120.867	115.338	54.664	60.710
5	96.694	92.271	43.731	48.568
6	80.578	76.892	36.443	40.473
7	69.067	65.908	31.237	34.691
ESCAÑOS	7	6	3	3

MURCIA 11

	PP	PSOE	VOX	SUMAR
1	307.972	189.210	163.124	71.578
2	153.986	94.605	81.562	35.789
3	102.657	63.070	54.375	23.859
4	76.993	47.303	40.781	17.895
5	61.594	37.842	32.625	14.316
ESCAÑOS	5	3	2	1

NAVARRA 5

	PP	PSOE	VOX	SUMAR	UPN	EH BILDU
1	57.134	93.553	19.491	43.922	52.188	58.954
2	28.567	46.777	9.746	21.961	26.094	29.477
ESCAÑOS	1	2	0	0	1	1

GALICIA

LA CORUÑA 8

	PP	PSOE	VOX	SUMAR	BNG
1	292.272	190.897	34.410	82.618	67.653
2	146.136	95.449	17.205	41.309	33.827
3	97.424	63.632	11.470	27.539	22.551
4	73.068	47.724	8.603	20.655	16.913
ESCAÑOS	4	2	0	1	1

LUGO 2

	PP	PSOE	VOX	SUMAR	BNG
1	99.769	60.163	8.643	10.287	17.197
ESCAÑOS	1	1	0	0	0

ORENSE 2

	PP	PSOE	VOX	SUMAR	BNG
1	93.182	56.035	9.080	10.171	15.317
ESCAÑOS	1	1	0	0	0

PONTEVEDRA 7

	PP	PSOE	VOX	SUMAR	BNG
1	227.658	179.737	27.539	75.615	53.828
2	113.829	89.869	13.770	37.808	26.914
3	75.886	59.912	9.180	25.205	17.943
ESCAÑOS	3	3	0	1	0

PAÍS VASCO

ÁLAVA 3

	PP	PSOE	VOX	SUMAR	PNV	EH BILDU
	30.212	46.775	6.573	21.561	28.075	32.987
ESCAÑOS	1	1	0	0	0	1

VIZCAYA 8

	PP	PSOE	VOX	SUMAR	PNV	EH BILDU
1	70.533	157.448	18.069	66.592	164.188	125.867
2	35.267	78.724	9.035	33.296	82.094	62.934
3	23.511	52.483	6.023	22.197	54.729	41.956
4	17.633	39.362	4.517	16.648	41.047	31.467
ESCAÑOS	1	2	0	1	2	2

MADRID 50

	PP	PSOE	VOX	SUMAR
1	1.463.183	1.004.599	506.164	557.780
2	731.592	502.300	253.082	278.890
3	487.728	334.866	168.721	185.927
4	365.796	251.150	126.541	139.445
5	292.637	200.920	101.233	111.556
6	243.864	167.433	84.361	92.963
7	209.026	143.514	72.309	79.683
8	182.898	125.575	63.271	69.723
9	162.576	111.622	56.240	61.976
10	146.318	100.460	50.616	55.778
11	133.017	91.327	46.015	50.707
12	121.932	83.717	42.180	46.482
13	112.553	77.277	38.936	42.906
14	104.513	71.757	36.155	39.841
15	97.546	66.973	33.744	37.185
16	91.449	62.787	31.635	34.861
17	86.070	59.094	29.774	32.811
18	81.288	55.811	28.120	30.988
19	77.010	52.874	26.640	29.357
20	73.159	50.230	25.308	27.889
21	69.675	47.838	24.103	26.561
22	66.508	45.664	23.007	25.354
ESCAÑOS	21	14	7	8

LA RIOJA 2

	PP	PSOE	VOX	SUMAR
1	79.715	62.322	17.056	11.470
ESCAÑOS	1	1	0	0

GUIPÚZCOA 5

PP	PSOE	VOX	SUMAR	PNV	EH BILDU
32.721	87.709	7.877	40.081	117.321	85.026
16.361	43.855	3.939	20.041	58.661	42.513
0	2	0	0	2	1

CATALUÑA

BARCELONA 42

	PP	PSOE	VOX	SUMAR	ERC	JUNTS	CUP
1	367.519	952.347	201.755	405.993	328.697	258.159	67.266
2	183.760	476.174	100.878	202.997	164.349	129.080	33.633
3	122.506	317.449	67.252	135.331	109.566	86.053	22.422
4	91.880	238.087	50.439	101.498	82.174	64.540	16.817
5	73.504	190.469	40.351	81.199	65.739	51.632	13.453
6	61.253	158.725	33.626	67.666	54.783	43.027	11.211
7	52.503	136.050	28.822	57.999	46.957	36.880	9.609
8	45.940	119.043	25.219	50.749	41.087	32.270	8.408
9	40.835	105.816	22.417	45.110	36.522	28.684	7.474
10	36.752	95.235	20.176	40.599	32.870	25.816	6.727
11	33.411	86.577	18.341	36.908	29.882	23.469	6.115
12	30.627	79.362	16.813	33.833	27.391	21.513	5.606
13	28.271	73.257	15.520	31.230	25.284	19.858	5.174
14	26.251	68.025	14.411	29.000	23.478	18.440	4.805
15	24.501	63.490	13.450	27.066	21.913	17.211	4.484
16	22.970	59.522	12.610	25.375	20.544	16.135	4.204
17	21.619	56.020	11.868	23.882	19.335	15.186	3.957
ESCAÑOS	6	16	3	7	5	4	1

GERONA 6

	PP	PSOE	VOX	SUMAR	ERC	JUNTS	CUP
1	31.341	93.448	22.706	35.344	47.531	63.251	18.229
2	15.671	46.724	11.353	17.672	23.766	31.626	9.115
ESCAÑOS	0	2	0	1	1	2	0

LÉRIDA 3

	PP	PSOE	VOX	SUMAR	ERC	JUNTS	CUP
1	23.699	54.414	12.560	14.561	34.331	33.228	
ESCAÑOS	0	1			1	1	

TARRAGONA 6

	PP	PSOE	VOX	SUMAR	ERC	JUNTS	CUP
6							
1	51.061	121.126	38.039	41.719	55.461	40.791	
2	25.531	60.563	19.020	20.860	27.731	20.396	
ESCAÑOS	1	2	0	1	1	1	

CEUTA 1

	PP	PSOE	VOX	SUMAR
1	12.918	11.332	4.359	827
ESCAÑOS	1	0	0	0

MELILLA 1

	PP	PSOE	VOX	SUMAR
	13.446	6.943	4.359	827
ESCAÑOS	1	0	0	0

Anexo 4

Reparto de escaños por provincias

REPARTO DE ESCAÑOS POR PROVINCIAS		SEGÚN POBLACIÓN	
PROVINCIA	**HABITANTES**	**PROCENTAJE**	**ESCAÑOS**
ALMERÍA	753364	4,138	6
CÁDIZ	1.254.866	6,893	9
CÓRDOBA	775.002	4,257	6
GRANADA	934.072	5,131	7
HUELVA	534.048	2,933	4
JAÉN	620.637	3,409	5
MÁLAGA	1.752.728	9,627	13
SEVILLA	1.959.394	10,762	14
HUESCA	226.878	1,246	2
TERUEL	135.046	0,742	1
ZARAGOZA	979.365	5,379	7
ASTURIAS	1.006.060	5,526	7
BALEARES	1.209.906	6,646	9
LAS PALMAS	1.145.843	6,294	8
SANTA CRUZ DE TENERIFE	1.067.173	5,862	8
CANTABRIA	588.378	3,232	4
ÁVILA	159.764	0,878	1
BURGOS	357.370	1,963	3
LEÓN	448.573	2,464	3
PALENCIA	157.787	0,867	1
SALAMANCA	327.089	1,797	2
SEGOVIA	155.332	0,853	1
SORIA	89.528	0,492	1
VALLADOLID	521.333	2,864	4
ZAMORA	166.927	0,917	1
ALBACETE	387.529	2,129	3
CIUDAD REAL	491.927	2,702	4

REPARTO DE ESCAÑOS POR PROVINCIAS **SEGÚN POBLACIÓN**

PROVINCIA	HABITANTES	PROCENTAJE	ESCAÑOS
CUENCA	198.436	1,090	2
GUADALAJARA	275.082	1,511	2
TOLEDO	731.112	4,016	5
BARCELONA	5.797.365	31,843	42
GERONA	808.672	4,442	6
LÉRIDA	447.343	2,457	3
TARRAGONA	848.592	4,661	6
ALICANTE	1.955.268	10,740	14
CASTELLÓN	604.086	3,318	4
COMUNIDAD VALENCIANA	2.656.841	14,593	19
BADAJOZ	666.049	3,658	5
CÁCERES	388.257	2,133	3
LA CORUÑA	1.123.884	6,173	8
LUGO	324.267	1,781	2
ORENSE	304.563	1,673	2
PONTEVEDRA	946.710	5,200	7
MADRID	6.871.903	37,745	50
MURCIA	1.551.692	8,523	11
NAVARRA	672.155	3,692	5
ARABA/ÁLAVA	336.308	1,847	3
VIZCAYA	1.153.282	6,335	8
GUIPÚZCOA	726.712	3,992	5
LA RIOJA	322.282	1,770	2
CEUTA	83.052	0,456	1
MELILLA	85.493	0,470	1
TOTAL	18.205.919		350

Anexo 5

Reparto de escaños con circunscripción regional, acumulados de provincia, reparto D'Hondt

ANDALUCÍA 61

	PP	PSOE	VOX	SUMAR
1	1.596.044	1.467.506	671.507	525.380
2	798.022	733.753	335.754	262.690
3	532.015	489.169	223.836	175.127
4	399.011	366.877	167.877	131.345
5	319.209	293.501	134.301	105.076
6	266.007	244.584	111.918	87.563
7	228.006	209.644	95.930	75.054
8	199.506	183.438	83.938	65.673
9	177.338	163.056	74.612	58.376
10	159.604	146.751	67.151	52.538
11	145.095	133.410	61.046	47.762
12	133.004	122.292	55.959	43.782
13	122.773	112.885	51.654	40.414
14	114.003	104.822	47.965	37.527
15	106.403	97.834	44.767	35.025
16	99.753	91.719	41.969	32.836
17	93.885	86.324	39.500	30.905
18	88.669	81.528	37.306	29.188
19	84.002	77.237	35.342	27.652
20	79.802	73.375	33.575	26.269
21	76.002	69.881	31.977	25.018
22	72.547	66.705	30.523	23.881
23	69.393	63.805	29.196	22.843
ESCAÑOS	23	22	10	7

ARAGÓN 13

	PP	PSOE	VOX	SUMAR
1	259.145	222.391	104.463	87.825
2	129.573	111.196	52.232	43.913
3	86.382	74.130	34.821	29.275
4	64.786	55.598	26.116	21.956
5	51.829	44.478	20.893	17.565
ESCAÑOS	5	5	2	1

ASTURIAS 7

	PP	PSOE	VOX	SUMAR
1	212.816	205.049	74.571	86.630
2	106.408	102.525	37.286	43.315
3	70.939	68.350	24.857	28.877
ESCAÑOS	3	2	1	1

BALEARES 8

	PP	PSOE	VOX	SUMAR
1	179.303	151.786	76.547	83.487
2	89.652	75.893	38.274	41.744
3	59.768	50.595	25.516	27.829
ESCAÑOS	3	3	1	1

CANARIAS 15

	PP	PSOE	VOX	SUMAR	CCa
1	311.627	341.261	77.343	108.001	116.363
2	155.814	170.631	38.672	54.001	58.182
3	103.876	113.754	25.781	36.000	38.788
4	77.907	85.315	19.336	27.000	29.091
5	62.325	68.252	15.469	21.600	23.273
6	51.938	56.877	12.891	18.000	19.394
ESCAÑOS	5	6	1	1	2

CANTABRIA 5

	PP	PSOE	VOX	SUMAR
1	147.326	116.596	49.243	29.813
2	73.663	58.298	24.622	14.907
ESCAÑOS	2	2	0	0

CASTILLA Y LEÓN 31

	PP	PSOE	VOX	SUMAR
1	552.985	462.788	197.172	100.732
2	276.493	231.394	98.586	50.366
3	184.328	154.263	65.724	33.577
4	138.246	115.697	49.293	25.183
5	110.597	92.558	39.434	20.146
6	92.164	77.131	32.862	16.789
7	78.998	66.113	28.167	14.390
8	69.123	57.849	24.647	12.592
9	61.443	51.421	21.908	11.192
10	55.299	46.279	19.717	10.073
11	50.271	42.072	17.925	9.157
12	46.082	38.566	16.431	8.394
13	42.537	35.599	15.167	7.749
14	39.499	33.056	14.084	7.195
ESCAÑOS	14	11	4	2

NAVARRA 5

	PP	PSOE	VOX	SUMAR	UPN	EH BILDU
1	57.134	93.553	19.491	43.922	52.188	58.954
2	28.567	46.777	9.746	21.961	26.094	29.477
ESCAÑOS	1	2	0	0	1	1

CASTILLA-LA MANCHA 21

	PP	PSOE	VOX	SUMAR
1	445.991	391.503	203.666	84.347
2	222.996	195.752	101.833	42.174
3	148.664	130.501	67.889	28.116
4	111.498	97.876	50.917	21.087
5	89.198	78.301	40.733	16.869
6	74.332	65.251	33.944	14.058
7	63.713	55.929	29.095	12.050
8	55.749	48.938	25.458	10.543
9	49.555	43.500	22.630	9.372
ESCAÑOS	9	7	4	1

CATALUÑA 48

	PP	PSOE	VOX	SUMAR	ERC	JUNTS	CUP
1	473.620	1.221.335	263.776	497.637	466.020	395.429	99.644
2	236.810	610.668	131.888	248.819	233.010	197.715	49.822
3	157.873	407.112	87.925	165.879	155.340	131.810	33.215
4	118.405	305.334	65.944	124.409	116.505	98.857	24.911
5	94.724	244.267	52.755	99.527	93.204	79.086	19.929
6	78.937	203.556	43.963	82.940	77.670	65.905	16.607
7	67.660	174.476	37.682	71.091	66.574	56.490	14.235
8	59.203	152.667	32.972	62.205	58.253	49.429	12.456
9	52.624	135.704	29.308	55.293	51.780	43.937	11.072
10	47.362	122.134	26.378	49.764	46.602	39.543	9.964
11	43.056	111.030	23.980	45.240	42.365	35.948	9.059
12	39.468	101.778	21.981	41.470	38.835	32.952	8.304
13	36.432	93.949	20.290	38.280	35.848	30.418	7.665
14	33.830	87.238	18.841	35.546	33.287	28.245	7.117
15	31.575	81.422	17.585	33.176	31.068	26.362	6.643
16	29.601	76.333	16.486	31.102	29.126	24.714	6.228
17	27.860	71.843	15.516	29.273	27.413	23.261	5.861
18	26.312	67.852	14.654	27.647	25.890	21.968	5.536
ESCAÑOS	7	18	4	7	6	5	1

EXTREMADURA 9

	PP	PSOE	VOX	SUMAR
1	237.701	245.165	85.568	43.132
2	118.851	122.583	42.784	21.566
3	79.234	81.722	28.523	14.377
4	59.425	61.291	21.392	10.783
ESCAÑOS	4	4	1	0

GALICIA 23

	PP	PSOE	VOX	SUMAR	PNG
1	712.881	486.832	79.671	178.691	153.995
2	356.441	243.416	39.836	89.346	76.998
3	237.627	162.277	26.557	59.564	51.332
4	178.220	121.708	19.918	44.673	38.499
5	142.576	97.366	15.934	35.738	30.799
6	118.814	81.139	13.279	29.782	25.666
7	101.840	69.547	11.382	25.527	21.999
8	89.110	60.854	9.959	22.336	19.249
9	79.209	54.092	8.852	19.855	17.111
10	71.288	48.683	7.967	17.869	15.400
11	64.807	44.257	7.243	16.245	14.000
ESCAÑOS	11	7	1	2	2

MADRID 37

37	PP	PSOE	VOX	SUMAR
1	1.463.183	1.004.599	506.164	557.780
2	731.592	502.300	253.082	278.890
3	487.728	334.866	168.721	185.927
4	365.796	251.150	126.541	139.445
5	292.637	200.920	101.233	111.556
6	243.864	167.433	84.361	92.963
7	209.026	143.514	72.309	79.683
8	182.898	125.575	63.271	69.723
9	162.576	111.622	56.240	61.976
10	146.318	100.460	50.616	55.778
11	133.017	91.327	46.015	50.707
12	121.932	83.717	42.180	46.482
13	112.553	77.277	38.936	42.906
14	104.513	71.757	36.155	39.841
15	97.546	66.973	33.744	37.185
16	91.449	62.787	31.635	34.861
ESCAÑOS	16	10	5	6

VALENCIA 33

	PP	PSOE	VOX	SUMAR
1	922.064	849.620	476.703	402.813
2	461.032	424.810	238.352	201.407
3	307.355	283.207	158.901	134.271
4	230.516	212.405	119.176	100.703
5	184.413	169.924	95.341	80.563
6	153.677	141.603	79.451	67.136
7	131.723	121.374	68.100	57.545
8	115.258	106.203	59.588	50.352
9	102.452	94.402	52.967	44.757
10	92.206	84.962	47.670	40.281
11	83.824	77.238	43.337	36.619
ESCAÑOS	11	11	6	5

PAÍS VASCO 18

18	PP	PSOE	VOX	SUMAR	EHBILDU	PNV
1	133.466	291.932	30.519	128.234	276.175	277.289
2	66.733	145.966	15.260	64.117	138.088	138.645
3	44.489	97.311	10.173	42.745	92.058	92.430
4	33.367	72.983	7.630	32.059	69.044	69.322
5	26.693	58.386	6.104	25.647	55.235	55.458
ESCAÑOS	2	5	0	2	4	5

LA RIOJA 4

4	PP	PSOE	VOX	SUMAR
1	79.715	62.322	17.056	11.470
2	39858	31161	8528	5735
ESCAÑOS	2	2	0	0

MURCIA 10

10	PP	PSOE	VOX	SUMAR
1	307.972	189.210	163.124	71.578
2	153.986	94.605	81.562	35.789
3	102.657	63.070	54.375	23.859
4	76.993	47.303	40.781	17.895
ESCAÑOS	4	3	2	1

CEUTA 1

1	PP	PSOE	VOX
	12.918	11.332	7.752
ESCAÑOS	1	0	0

MELILLA 1

1	PP	PSOE	VOX
	13.446	6.943	4.359
ESCAÑOS	1	0	0

Anexo 6

Escaños a elegir en cada región con acumulación de los que tienen actualmente cada una de sus provincias

Andalucía	**61**
Almería	6
Cádiz	9
Córdoba	6
Granada.	7
Huelva	5
Jaén	5
Málaga	11
Sevilla	12
Asturias	**7**
Baleares	**8**
Cantabria	**5**
Madrid	**37**
Navarra	**5**
Canarias	**15**
Palmas (Las)	8
Santa Cruz de Tenerife	7
Murcia	**10**
Ceuta	**1**

País Vasco	**18**
Álava/Araba	4
Vizcaya/Bizkaia	8
Guipúzcoa/Gipuzkoa	6
Cataluña	**48**
Barcelona	32
Gerona/Girona	6
Lérida/Lleida	4
Tarragona	6
Castilla y León	**31**
Ávila	3
Burgos	4
León	4
Palencia	3
Salamanca	4
Segovia	3
Soria	2
Valladolid	5
Zamora	3
Extremadura	**9**
Badajoz	5
Cáceres	4

Melilla	1
Castilla-La Mancha	21
Albacete	4
Ciudad Real	5
Cuenca	3
Guadalajara	3
Toledo	6
Comunidad Valenciana	33
Alicante/Alacant	12
Castellón/Castelló	5
Valencia/València	16

Galicia	23
Coruña (La)	8
Lugo	4
Orense	4
Pontevedra	7
Rioja (La)	4
Aragón	13
Huesca	3
Teruel	3
Zaragoza	7

Anexo 7

Reparto de escaños con circunscripción regional según población, reparto D'Hondt

ANDALUCÍA 62

PP	PSOE	VOX	SUMAR
1.596.044	1.467.506	671.507	525.380
798.022	733.753	335.754	262.690
532.015	489.169	223.836	175.127
399.011	366.877	167.877	131.345
319.209	293.501	134.301	105.076
266.007	244.584	111.918	87.563
228.006	209.644	95.930	75.054
199.506	183.438	83.938	65.673
177.338	163.056	74.612	58.376
159.604	146.751	67.151	52.538
145.095	133.410	61.046	47.762
133.004	122.292	55.959	43.782
122.773	112.885	51.654	40.414
114.003	104.822	47.965	37.527
106.403	97.834	44.767	35.025
99.753	91.719	41.969	32.836
93.885	86.324	39.500	30.905
88.669	81.528	37.306	29.188
84.002	77.237	35.342	27.652
79.802	73.375	33.575	26.269
76.002	69.881	31.977	25.018
72.547	66.705	30.523	23.881
69.393	63.805	29.196	22.843
23	22	10	7

ARAGÓN 10

PP	PSOE	VOX	SUMAR
259.145	222.391	104.463	87.825
129.573	111.196	52.232	43.913
86.382	74.130	34.821	29.275
64.786	55.598	26.116	21.956
4	4	1	1

ASTURIAS 7

PP	PSOE	VOX	SUMAR
212.816	205.049	74.571	86.630
106.408	102.525	37.286	43.315
70.939	68.350	24.857	28.877
3	2	1	1

BALEARES 9

	PP	PSOE	VOX	SUMAR
1	179.303	151.786	76.547	83.487
2	89.652	75.893	38.274	41.744
3	59.768	50.595	25.516	27.829
ESCAÑOS	3	3	1	2

CANARIAS 16

	PP	PSOE	VOX	SUMAR	CCa
1	311.627	341.261	77.343	108.001	116.363
2	155.814	170.631	38.672	54.001	58.182
3	103.876	113.754	25.781	36.000	38.788
4	77.907	85.315	19.336	27.000	29.091
5	62.325	68.252	15.469	21.600	23.273
6	51.938	56.877	12.891	18.000	19.394
ESCAÑOS	5	6	1	2	2

CANTABRIA 4

	PP	PSOE	VOX	SUMAR
1	147.326	116.596	49.243	29.813
2	73.663	58.298	24.622	14.907
ESCAÑOS	2	2	0	0

CASTILLA Y LEÓN 17

	PP	PSOE	VOX	SUMAR
1	552.985	462.788	197.172	100.732
2	276.493	231.394	98.586	50.366
3	184.328	154.263	65.724	33.577
4	138.246	115.697	49.293	25.183
5	110.597	92.558	39.434	20.146
6	92.164	77.131	32.862	16.789
7	78.998	66.113	28.167	14.390
8	69.123	57.849	24.647	12.592
ESCAÑOS	8	6	2	1

EXTREMADURA 8

	PP	PSOE	VOX	SUMAR
1	237.701	245.165	85.568	43.132
2	118.851	122.583	42.784	21.566
3	79.234	81.722	28.523	14.377
4	59.425	61.291	21.392	10.783
ESCAÑOS	3	4	1	0

NAVARRA 5

	PP	PSOE	VOX	SUMAR	UPN	EH BILDU
1	57.134	93.553	19.491	43.922	52.188	58.954
2	28.567	46.777	9.746	21.961	26.094	29.477
ESCAÑOS	1	2	0	0	1	1

CASTILLA-LA MANCHA 15

	PP	PSOE	VOX	SUMAR
1	445.991	391.503	203.666	84.347
2	222.996	195.752	101.833	42.174
3	148.664	130.501	67.889	28.116
4	111.498	97.876	50.917	21.087
5	89.198	78.301	40.733	16.869
6	74.332	65.251	33.944	14.058
ESCAÑOS	6	5	3	1

CATALUÑA 48 58

	PP	PSOE	VOX	SUMAR	ERC	JUNTS	CUP
1	473.620	1.221.335	263.776	497.637	466.020	395.429	99.644
2	236.810	610.668	131.888	248.819	233.010	197.715	49.822
3	157.873	407.112	87.925	165.879	155.340	131.810	33.215
4	118.405	305.334	65.944	124.409	116.505	98.857	24.911
5	94.724	244.267	52.755	99.527	93.204	79.086	19.929
6	78.937	203.556	43.963	82.940	77.670	65.905	16.607
7	67.660	174.476	37.682	71.091	66.574	56.490	14.235
8	59.203	152.667	32.972	62.205	58.253	49.429	12.456
9	52.624	135.704	29.308	55.293	51.780	43.937	11.072
10	47.362	122.134	26.378	49.764	46.602	39.543	9.964
11	43.056	111.030	23.980	45.240	42.365	35.948	9.059
12	39.468	101.778	21.981	41.470	38.835	32.952	8.304
13	36.432	93.949	20.290	38.280	35.848	30.418	7.665
14	33.830	87.238	18.841	35.546	33.287	28.245	7.117
15	31.575	81.422	17.585	33.176	31.068	26.362	6.643
16	29.601	76.333	16.486	31.102	29.126	24.714	6.228
17	27.860	71.843	15.516	29.273	27.413	23.261	5.861
18	26.312	67.852	14.654	27.647	25.890	21.968	5.536
19	24.927	64.281	13.883	26.191	24.527	20.812	5.244
20	23.681	61.067	13.189	24.882	23.301	19.771	4.982
21	22.553	58.159	12.561	23.697	22.191	18.830	4.745
22	21.528	55.515	11.990	22.620	21.183	17.974	4.529
ESCAÑOS	8	22	4	8	8	7	1

GALICIA 20

20	PP	PSOE	VOX	SUMAR	PNG
1	712.881	486.832	79.671	178.691	153.995
2	356.441	243.416	39.836	89.346	76.998
3	237.627	162.277	26.557	59.564	51.332
4	178.220	121.708	19.918	44.673	38.499
5	142.576	97.366	15.934	35.738	30.799
6	118.814	81.139	13.279	29.782	25.666
7	101.840	69.547	11.382	25.527	21.999
8	89.110	60.854	9.959	22.336	19.249
9	79.209	54.092	8.852	19.855	17.111
ESCAÑOS	9	6	1	2	2

MADRID 50

	PP	PSOE	VOX	SUMAR
1	1.463.183	1.004.599	506.164	557.780
2	731.592	502.300	253.082	278.890
3	487.728	334.866	168.721	185.927
4	365.796	251.150	126.541	139.445
5	292.637	200.920	101.233	111.556
6	243.864	167.433	84.361	92.963
7	209.026	143.514	72.309	79.683
8	182.898	125.575	63.271	69.723
9	162.576	111.622	56.240	61.976
10	146.318	100.460	50.616	55.778
11	133.017	91.327	46.015	50.707
12	121.932	83.717	42.180	46.482
13	112.553	77.277	38.936	42.906
14	104.513	71.757	36.155	39.841
15	97.546	66.973	33.744	37.185
16	91.449	62.787	31.635	34.861
17	86.070	59.094	29.774	32.811
18	81.288	55.811	28.120	30.988
19	77.010	52.874	26.640	29.357
20	73.159	50.230	25.308	27.889
21	69.675	47.838	24.103	26.561
ESCAÑOS	21	14	7	8

MURCIA 11

	PP	PSOE	VOX	SUMAR
1	307.972	189.210	163.124	71.578
2	153.986	94.605	81.562	35.789
3	102.657	63.070	54.375	23.859
4	76.993	47.303	40.781	17.895
5	61.594	37.842	32.625	14.316
ESCAÑOS	5	3	2	1

COMUNIDAD VALENCIANA 38

	PP	PSOE	VOX	SUMAR
1	922.064	849.620	476.703	402.813
2	461.032	424.810	238.352	201.407
3	307.355	283.207	158.901	134.271
4	230.516	212.405	119.176	100.703
5	184.413	169.924	95.341	80.563
6	153.677	141.603	79.451	67.136
7	131.723	121.374	68.100	57.545
8	115.258	106.203	59.588	50.352
9	102.452	94.402	52.967	44.757
10	92.206	84.962	47.670	40.281
11	83.824	77.238	43.337	36.619
12	76.839	70.802	39.725	33.568
13	70.928	65.355	36.669	30.986
ESCAÑOS	13	12	7	6

LA RIOJA 2

2	PP	PSOE	VOX	SUMAR
1	79.715	62.322	17.056	11.470
ESCAÑOS	1	1	0	0

PAÍS VASCO 16

	PP	PSOE	VOX	SUMAR	EHBILDU	PNV
1	133.466	291.932	30.519	128.234	276.175	277.289
2	66.733	145.966	15.260	64.117	138.088	138.645
3	44.489	97.311	10.173	42.745	92.058	92.430
4	33.367	72.983	7.630	32.059	69.044	69.322
ESCAÑOS	2	4	0	2	4	4

CEUTA 1

1	PP	PSOE	VOX	SUMAR
	12.918	11.332	7.752	821
ESCAÑOS	1	0	0	0

MELILLA 1

1	PP	PSOE	VOX	SUMAR
	13.446	6.943	4.359	827
ESCAÑOS	1	0	0	0

Anexo 8

Según población, reparto proporcional

VOTOS TOTALES CANDIDATURAS

REGIONES

4.341.679 VOTOS

ANDALUCÍA	62	PP	PSOE	VOX	SUMAR
		1.596.044	1.467.506	671.507	525.380
PORCENTAJE VOTOS		36,761	33,800	15,467	12,101
PORCENTAJE ESCAÑOS		22,792	20,956	9,589	7,503
	ESCAÑOS	23	21	10	8

708.193 VOTOS

ARAGÓN	10	PP	PSOE	VOX	SUMAR
		259.145	222.391	104.463	87.825
PORCENTAJE VOTOS		259.145	222.391	104.463	87.825
PORCENTAGE ESCAÑOS		259.145	222.391	104.463	87.825
	ESCAÑOS	4	3	2	1

590.963 VOTOS

ASTURIAS	7	PP	PSOE	VOX	SUMAR
		212.816	205.049	74.571	86.630
PORCENTAJE VOTOS		36,012	34,697	12,619	14,659
PORCENTAJE ESCAÑOS		2,521	2,429	0,883	1,026
	ESCAÑOS	3	2	1	1

498.576 VOTOS

BALEARES	8	PP	PSOE	VOX	SUMAR
		179.303	151.786	76.547	83.487
PORCENTAJE VOTOS		35,963	30,444	15,353	16,745
PORCENTAJE ESCAÑOS		2,877	2,436	1,228	1,340
	ESCAÑOS	3	3	1	2

1.015.560 VOTOS

CANARIAS	16	PP	PSOE	VOX	SUMAR	CCa
		311.627	341.261	77.343	108.001	116.363
PORCENTAJE VOTOS		30,685	33,603	7,616	10,635	11,458
PORCENTAJE ESCAÑOS		4,910	5,377	1,219	1,702	1,833
	ESCAÑOS	5	6	1	2	2

346.888 VOTOS

CANTABRIA	4	PP	PSOE	VOX	SUMAR
		147.326	116.596	49.243	29.813
PORCENTAJE VOTOS		42,471	33,612	14,196	8,594
PORCENTAJE ESCAÑOS		1,699	1,344	0,568	0,344
	ESCAÑOS	2	1	1	0

1.419.895 VOTOS

CASTILLA Y LEÓN	17	PP	PSOE	VOX	SUMAR
		552.985	462.788	197.172	100.732
PORCENTAJE VOTOS		38,945	32,593	13,886	7,094
PORCENTAJE ESCAÑOS		6,621	5,541	2,361	1,206
	ESCAÑOS	7	6	3	1

1.137.191 VOTOS

CASTILLA-LA MANCHA	15	PP	PSOE	VOX	SUMAR
		445.991	391.503	203.666	84.347
		39,219	34,427	17,910	7,417
		5,883	5,164	2,686	1,113
	ESCAÑOS	6	5	3	1

3.513.762 VOTOS

CATALUÑA	58	PP	PSOE	VOX	SUMAR	ERC	JUNTS	CUP	PACMA	CYU
		473.620	1.221.335	263.776	497.637	406.020	395.429	99.644	36.881	32.016
PORCENTAJE VOTOS		13,479	34,759	7,507	14,163	13,263	11,254	2,836	1,050	0,911
PORCENTAJE ESCAÑOS		7,818	20,160	4,354	8,214	7,692	6,527	1,645	0,609	0,528
	ESCAÑOS	8	20	4	8	8	6	2	1	1

2.624.243 VOTOS

COMUNIDAD VALENCIANA	38	PP	PSOE	VOX	SUMAR
		922.064	849.620	476.703	402.813
PORCENTAJE VOTOS		35,136	32,376	18,165	15,350
PORCENTAJE ESCAÑOS		0,000	0,000	0,000	0,000
	ESCAÑOS	13	12	7	6

1.149.303 VOTOS

PAÍS VASCO	16	PP	PSOE	VOX	SUMAR	EHBILDU	PNV
		133.466	291.932	30.519	128.234	276.175	277.289
PORCENTAJE VOTOS		11,613	25,401	2,655	11,158	24,030	24,127
PORCENTAJE ESCAÑOS		1,858	4,064	0,428	1,782	3,844	3,859
	ESCAÑOS	2	4	0	2	4	4

338.954 VOTOS

NAVARRA	5	PP	PSOE	VOX	SUMAR	UPN
		57.134	93.553	19.491	43.922	52.188
PORCENTAJE VOTOS		16,856	27,601	5,750	12,958	15,397
PORCENTAJE ESCAÑOS		0,843	1,380	0,288	0,648	0,770
	ESCAÑOS	1	1	0	1	1

1.622.241 VOTOS

GALICIA	20	PP	PSOE	VOX	SUMAR	PNG
		712.881	486.832	79.671	178.691	153.995
PORCENTAJE VOTOS		43,944	30,010	4,911	11,015	9,493
PORCENTAJE ESCAÑOS		8,789	6,002	0,982	2,203	1,897
	ESCAÑOS	9	6	1	2	2

622.366 VOTOS

EXTREMADURA	8	PP	PSOE	VOX	SUMAR
		237.701	245.165	85.568	43.132
PORCENTAJE VOTOS		38,193	39,392	13,749	6,930
PORCENTAJE ESCAÑOS		3,055	3,151	1,99	0,554
	ESCAÑOS	3	3	1	1

3.579.713 VOTOS

MADRID	50	PP	PSOE	VOX	SUMAR
		1.463.183	1.004.599	506.164	557.780
PORCENTAJE VOTOS		40,874	28,064	14,140	15,582
PORCENTAJE ESCAÑOS		20,437	14,032	7,205	7,791
	ESCAÑOS	21	14	7	8

173.055 VOTOS

LA RIOJA	2	PP	PSOE	VOX	SUMAR
		79.715	62.322	17.056	11.470
PORCENTAJE VOTOS		46,063	36,013	9,856	6,628
PORCENTAJE ESCAÑOS		0,921	0,703	0,197	0,133
	ESCAÑOS	1	1	0	0

	742.763 VOTOS				
MURCIA	11	PP	PSOE	VOX	SUMAR
		307.972	189.210	163.124	71.578
PORCENTAJE VOTOS		41,463	25,474	21,962	9,637
PORCENTAJE ESCAÑOS		4,561	2,821	2,418	1,060
	ESCAÑOS	5	3	2	1

	32.993 VOTOS				
CEUTA	1	PP	PSOE	VOX	SUMAR
		12.918	11.332	7752	821
	ESCAÑOS	1	0	0	0

	27.096 VOTOS				
MELILLA		PP	PSOE	VOX	SUMAR
		13.446	6.943	4.359	827
	ESCAÑOS	1	0	0	0

Anexo 9

REPARTO DE ESCAÑOS

POBLACION	**HABITANTES**	**% de la población total**	**ESCAÑOS**
Andalucía	8.584.147	62,48162409	62
Aragón	1.341.289	9,76287045	10
Asturias, Principado de	1.006.060	7,322831579	7
Baleares, Islas	1.209.906	8,806570049	9
Canarias	2.213.016	16,1079294	16
Cantabria	588.387	4,282705707	4
Castilla y León	2.383.703	17,35031271	17
Castilla-la Mancha	2.084.086	15,1694837	15
Cataluña	7.901.963	57,51619604	58
Comunidad Valenciana	5.216.195	37,96723602	38
Extremadura	1.054.306	7,674000825	8
Galicia	2.699.424	19,64835826	20
Madrid, Comunidad de	6.871.903	50,01867512	50
Murcia, Región de	1.551.692	11,2943355	11
Navarra, Comunidad Foral de	672.155	4,892429736	5
País Vasco	2.216.302	16,13184728	16
Rioja, La	322.282	2,345801251	2
Ceuta	83.052	0,604512463	1
Melilla	85.493	0,622279824	1
TOTAL, ESPAÑA	**48.085.361**		**350**

⋆ Son los habitantes totales, menos Ceuta y Melilla.

⋆⋆ Escaños con un reparto proporcional y por comunidad.

Anexo 10

Evolución de la población entre 1981 y 2021

PROVINCIA	HABITANTES 1981	% POBLACIÓN	HABITANTES 2021	% POBLACIÓN	POBLACIÓN	PORCENTAJE
TOTAL	37.683.362		47385107			
ÁLAVA	257.863	0,684	333626	0,704	75.763	0,020
ALBACETE	339.374	0,901	386464	0,816	47.090	-0,085
ALICANTE	1.149.185	3,050	1881792	3,971	732.607	0,922
ALMERÍA	410.848	1,090	731792	1,544	320.944	0,454
ASTURIAS	1.129.572	2,998	1011792	2,135	-117.780	-0,862
ÁVILA	183.590	0,487	158421	0,334	-25.169	-0,153
BADAJOZ	643.519	1,708	669943	1,414	26.424	-0,294
BALEARES	655.945	1,741	1173008	2,475	517.063	0,735
BARCELONA	4.623.362	12,269	5714730	12,060	1.091.368	-0,209
BURGOS	363.523	0,965	356055	0,751	-7.468	-0,213
CÁCERES	421.457	1,118	389558	0,822	-31.899	-0,296
CÁDIZ	988.387	2,623	1245960	2,629	257.573	0,007
CANTABRIA	513.123	1,362	584507	1,234	71.384	-0,128
CASTELLÓN	431.908	1,146	587064	1,239	155.156	0,093
CIUDAD REAL	475.130	1,261	492591	1,040	17.461	-0,221
CÓRDOBA	720.825	1,913	776789	1,639	55.964	-0,274
LA CORUÑA	1.093.122	2,901	1120134	2,364	27.012	-0,537
CUENCA	215.975	0,573	195516	0,413	-20.459	-0,161
GERONA	467.012	1,239	786596	1,660	319.584	0,421
GRANADA	758.650	2,013	921338	1,944	162.688	-0,069
GUADALAJARA	143.473	0,381	265588	0,560	122.115	0,180
GUIPÚZCOA	694.731	1,844	726033	1,532	31.302	-0,311
HUELVA	418.595	1,111	525835	1,110	107.240	-0,001
HUESCA	214.909	0,570	224264	0,473	9.355	-0,097
JAÉN	639.863	1,698	627190	1,324	-12.673	-0,374
LEÓN	523.613	1,390	451706	0,953	-71.907	-0,436
LÉRIDA	353.162	0,937	439727	0,928	86.565	-0,009
LUGO	405.377	1,076	326013	0,688	-79.364	-0,388
MADRID	4.687.083	12,438	6751251	14,248	2.064.168	1,810

MÁLAGA	1.025.629	2,722	1695651	3,578	670.022	0,857
MURCIA	955.498	2,536	1518486	3,205	562.988	0,669
NAVARRA	509.002	1,351	661537	1,396	152.535	0,045
ORENSE	430.175	1,142	305223	0,644	-124.952	-0,497
PALENCIA	188.479	0,500	159123	0,336	-29.356	-0,164
LAS PALMAS	708.783	1,881	1128539	2,382	419.756	0,501
PONTEVEDRA	883.268	2,344	944275	1,993	61.007	-0,351
LA RIOJA	254.352	0,675	319796	0,675	65.444	0,000
SALAMANCA	364.315	0,967	327338	0,691	-36.977	-0,276
SANTA CRUZ DE TENERIFE	658.886	1,748	1044405	2,204	385.519	0,456
SEGOVIA	149.363	0,396	153663	0,324	4.300	-0,072
SEVILLA	1.478.352	3,923	1947852	4,111	469.500	0,188
SORIA	100.719	0,267	88747	0,187	-11.972	-0,080
TARRAGONA	513.061	1,362	822309	1,735	309.248	0,374
TERUEL	153.457	0,407	134545	0,284	-18.912	-0,123
TOLEDO	474.682	1,260	709403	1,497	234.721	0,237
COMUNIDAD VALENCIANA	2.065.777	5,482	2599312	5,486	533.535	0,004
VALLADOLID	481.785	1,279	519361	1,096	37.576	-0,182
VIZCAYA	1.189.375	3,156	1154334	2,436	-35.041	-0,720
ZAMORA	227.773	0,604	168725	0,356	-59.048	-0,248
ZARAGOZA	828.599	2,199	967452	2,042	138.853	-0,157
CEUTA	65.264	0,173	83517	0,176	18.253	0,003
MELILLA	53.593	0,142	86261	0,182	32.668	0,040

NOTA:

Sombreado en amarillo: descenso de su población.

Sombreado en verde: pérdida porcentual de su población.

Sombreado en salmón: pérdida de población y porcentaje.

En este ensayo se pretende ver otra posible regulación del sistema electoral, teniendo en cuenta otras posibles circunscripciones y otro modelo de reparto de escaños a cada territorio. Para ello, se han considerado los votos en cada uno de los comicios, atendiendo a cada supuesto de los contemplados en este estudio: la circunscripción regional o nacionalidad y nacional en los supuestos de circunscripción única.

Anteriormente, en los anexos, vemos cómo se calculan los datos para sacar el resultado en cada caso; esto se corresponde tan solo con las elecciones de 2023.

Los resultados que se exponen del resto de elecciones celebradas desde 1977 se han calculado de la misma forma. A modo de anexo general, a continuación se ofrecen los votos que se obtuvieron y los resultados que se podrían haber producido en cada uno de los supuestos. Para ello se exponen los votos en la parte superior y los resultados que se podrían haber obtenido en la parte inferior. En este caso, desde las elecciones del año 2000 hasta las del 2019.

A continuación, a modo de ejemplo, se muestran un cuadro de datos respecto al sistema de reparto D'Hondt, al lado otro cuadro con los votos obtenidos y los resultados que corresponden al supuesto. Lo que se reduce, por motivos de economía de espacio, son los datos intermedios, pero que facilitan que se puedan cotejar las cuentas.

Ejemplo: Circunscripción regional, sistema de reparto D'Hondt, Andalucía, 2019:

62	PSOE	PP	PODEMOS	VOX	C's
1	1.425.126	877.202	559.628	869.909	346.094
2	712.563	438.601	279.814	434.955	173.047
3	475.042	292.401	186.543	289.970	115.365
4	356.282	219.301	139.907	217.477	86.524
5	285.025	175.440	111.926	173.982	69.219
6	237.521	146.200	93.271	144.985	57.682
7	203.589	125.315	79.947	124.273	49.442
8	178.141	109.650	69.954	108.739	43.262
9	158.347	97.467	62.181	96.657	38.455
10	142.513	87.720	55.963	86.991	34.609
11	129.557	79.746	50.875	79.083	31.463
12	118.761	73.100	46.636	72.492	28.841
13	109.625	67.477	43.048	66.916	26.623
14	101.795	62.657	39.973	62.136	24.721
15	95.008	58.480	37.309	57.994	23.073
16	89.070	54.825	34.977	54.369	21.631
17	83.831	51.600	32.919	51.171	20.358
18	79.174	48.733	31.090	48.328	19.227
19	75.007	46.169	29.454	45.785	18.215
20	71.256	43.860	27.981	43.495	17.305
21	67.863	41.772	26.649	41.424	16.481
22	64.778	39.873	25.438	39.541	15.732
ESCAÑOS	22	14	8	13	5

62	PSOE	PP	PODEMOS	VOX	C's
1	1.425.126	877.202	559.628	869.909	346.094
ESCAÑOS	22	14	8	13	5

Circunscripción única, reparto con sistema proporcional.

AÑO 2019

	PSOE	PP	VOX	U.PODEMOS	Cs	ERC	JxCAT	ECP	PNV	EH BILDU
Votos	6.792.199	5.047.040	3.656.979	2.570.191	1.650.318	874.859	530.225	549.173	379.002	277.621
porcentaje	27,99%	20,80%	15,07%	10,58%	6,80%	3,60%	2,18%	2,26%	1,56%	1,14%
escaños	98	73	53	37	24	13	8	8	6	4

	MÁS PAIS	CUP	PACMA	CC-NC-PNC	COMPROMIS	BNG	NA+	PRC	3
Votos	382.823	246.971	228.856	124.289	176.287	120.456	99.078	68.830	85.510
porcentaje	1,57%	1,01%	0,94%	0,51%	0,72%	0,49%	0,40%	0,28%	0,34%
escaños	6	4	3	2	3	2	2	1	3

Nota: los tres que faltan tienen cada uno menos del 0,15 % de los votos

AÑO 2016

	PP	PSOE	PODE IU EQU	Cs	ECP	POD CO EU	ERC	CDC	POD MARE ANO	PNV
Votos	7.906.185	5.424.709	3.201.170	3.123.769	848.526	655.895	629.294	481.839	344.143	286.215
porcentaje	33,03%	22,66%	13,37%	13,05%	3,54%	2,74%	2,62%	2,01%	1,43%	1,19%
escaños	116	80	47	46	13	10	9	7	5	4

	PACMA	EH BILDU	CCa-PNC	RECO CER	UPyD	VOX	BNG	PCPE
Votos	284.848	184.092	78.080	51.742	50.282	46.781	44.902	26.553
porcentaje	1,19%	0,76%	0,32%	0,21%	0,21%	0,19%	0,18%	0,11%
escaños	4	3	1	1	1	1	1	1

AÑO 2015

	PP	PSOE	PODEMOS	Cs	EN COMÚ	IU-UPeC	PODE COMP	ERC	DL	POD MARE ANO
Votos	7.215.752	5.530.779	3.182.082	3.500.541	927.940	923.133	671.071	599.289	565.501	408.370
porcentaje	28,72%	22,01%	12,66%	13,93%	3,69%	3,67%	2,67%	2,38%	2,25%	1,62%
escaños	101	**77**	45	49	13	13	10	9	8	6

	PNV	PACMA	EH BILDU	UPYD	CCa-PNC	NÓS	unio.cat	VOX	RECORTE CERO	3
Votos	301.585	219.191	218.467	153.505	81.750	70.464	64.726	57.753	48.222	95.382
porcentaje	1,20%	0,87%	0,86%	0,61%	0,32%	0,28%	0,25%	0,22%	0,19%	0,13%
escaños	4	3	3	2	1	1	1	1	1	3

Nota: los tres que faltan tienen cada uno menos del 0,15 % de los votos

AÑO 2011

	PP	PSOE	IU-LV	UPyD	CiU	AMAIUR	PNV	ESQUER	EQUO
Votos	7.866.566	7.003.511	1.686.040	1.143.225	1.015.691	334.498	324.317	256.985	216.748
porcentaje	45,85%	29,55%	7,11%	4,82%	4,28%	1,41%	1,36%	1,08%	0,91%
escaños	160	103	25	17	15	5	5	4	3

	BNG	CC-NC	COMPROMÍ	PACMA	FAC	Eb	PA	PxC	P.R.C.
Votos	184.037	143.881	125.306	102.144	99.473	97.673	76.999	59.949	44.010
porcentaje	0,77%	0,60%	0,52%	0,43%	0,41%	0,41%	0,32%	0,25%	0,18%
escaños	3	2	2	1	1	1	1	1	1

AÑO 2008

	PSOE	PP	IU.	CiU	PNV	UPyD	ESQUERRA	BNG.	CC-PNC	CA
Votos	11.289.335	10.278.010	969.946	779.425	306.128	306.079	298.139	212.543	174.629	68.679
porcentaje	44,65%	40,65%	3,83%	3,08%	1,21%	1,21%	1,17%	0,84%	0,69%	0,27%
escaños	156	142	13	11	4	4	4	3	2	1

	NA-BAI	EA	C's	PACMA	VERDES	PAR	CHA	NC-CCN	2
Votos	62.398	50.371	46.313	44.795	41.531	40.054	38.202	38.024	60.829
porcentaje	0,24%	0,19%	0,18%	0,17%	0,16%	0,15%	0,15%	0,15%	0,23%
escaños	1	1	1	1	1	1	1	1	2

Nota: los tres que faltan tienen cada uno menos del 0,15 % de los votos

AÑO 2004

	PSOE	PP	IU	CiU	ERC	PNV	PA	CC	BNG
Votos	11.026.163	9.763.144	1.284.081	835.471	652.196	420.980	181.868	235.221	208.688
porcentaje	43,72%	38,71%	5,09%	3,31%	2,58%	1,66%	0,72%	0,93%	0,82%
escaños	153	135	18	12	9	6	3	3	3

	CHA	EA	Na-Bai	BLOC-EV	PSM-EN,	CENB	ARALAR	LV-E
Votos	94.252	80.905	61.045	40.759	40.289	40.208	38.560	37.499
porcentaje	0,37%	0,32%	0,24%	0,16%	0,15%	0,15%	0,15%	0,14%
escaños	1	1	1	1	1	1	1	1

AÑO 2000

	PP	PSOE	IU	CIU	PNV	BNG	CC	PA	ERC	IC-V
Votos	10.321.178	7.918.752	1.263.043	970.421	353.953	306.268	248.261	206.255	194.715	119.290
porcentaje	45,55%	34,95%	5,57%	4,28%	1,56%	1,35%	1,09%	0,91%	0,85%	0,52%
escaños	160	122	20	15	6	5	4	3	3	2

	EA	CHA	GIL	VERDES	BLOC-VE	UV	UPL	PAR	UC-CDS
Votos	100.742	75.356	72.162	70.906	58.551	57.830	41.690	38.883	23.576
porcentaje	0,44%	0,33%	0,31%	0,31%	0,25%	0,25%	0,18%	0,17%	0,10%
escaños	2	1	1	1	1	1	1	1	1

Circunscripción regional o de nacionalidad, sistema de reparto D'Hondt. Con escaños según población.

AÑO 2019

ANDALUCÍA	62	PSOE	PP	PODEMOS	VOX	C's
	1	1.425.126	877.202	559.628	869.909	346.094
	ESCAÑOS	22	14	8	13	5

ARAGÓN	10	PSOE	PP	PODEMOS	VOX	C'S
	1	215.361	167.233	75.892	118.936	59.977
	ESCAÑOS	3	3	1	2	1

ASTURIAS	8	PSOE	PP	PODEMOS	VOX
	1	186.211	129.945	89.301	88.788
	ESCAÑOS	3	2	2	1

BALEARES	8	PSOE	PP	PODEMOS	VOX
	1	115.576	103.722	82.225	77.520
	ESCAÑOS	2	2	2	2

CASTILLA	16	PSOE	PP	PODEMOS	VOX	C's
LA MANCHA	1	360.013	292.212	100.284	238.196	74.418
	ESCAÑOS	6	4	1	4	1

CASTILLA	19	PSOE	PP	PODEMOS	VOX	C's
Y LEÓN	1	434.287	438.993	129.681	230.743	105200
	ESCAÑOS	6	7	2	3	1

CANTABRIA	4	PSOE	PP	PODEMOS	VOX	PRC
	1	76.028	84.583	28.376	48.827	68.830
	ESCAÑOS	1	1	0	1	1

CANARIAS	16	PSOE	PP	PODEMOS	VOX	C's	CC-NC-PNC
	1	273.596	196.809	139.261	118.006	50.997	124.289
	ESCAÑOS	5	4	2	2	1	2

CATALUÑA	56	PSOE	PP	PODEMOS	VOX	C's	ERC	JXCAT	CUP
	1	794.859	287.714	549.173	243.640	0	874.859	530.225	246971
	ESCAÑOS	13	4	9	4	0	14	8	4

COMUNIDAD VALENCIANA	38	PSOE	PP	PODEMOS	VOX	C's	COMPRMIS
	1	700.159	584.415	339.596	468.134	196.265	176.287
	ESCAÑOS	11	9	5	7	3	3

GALICIA	21	PSOE	PP	PODEMOS	VOX	C's	BNG
	1	465.026	475.198	188.231	116.381	64.661	120.456
	ESCAÑOS	7	7	3	1	1	2

MADRID	48	PSOE	PP	PODEMOS	VOX	C's	MAS PAIS
	1	957.401	887.474	463.629	653.476	323.076	201.389
	ESCAÑOS	14	13	6	9	4	2

NAVARRA	5	PSOE	PP	PODEMOS	VOX	EH BILDU	NA+
	1	83.734	0	55.498	19.440	56.548	99.078
	ESCAÑOS	1	0	1	0	1	2

PAÍS VASCO	16	PSOE	PP	PODEMOS	VOX	PNV	EH BILDU
	1	227.396	104.746	182.674	28.979	379.002	221.073
	ESCAÑOS	3	1	3	0	6	3

MURCIA	11	PSOE	PP	PODEMOS	VOX	C's
	1	177.154	189.500	63.461	199.829	53.201
	ESCAÑOS	3	3	1	3	1

EXTREMA DURA	8	PSOE	PP	PODEMOS	VOX
	1	227.447	154.269	54.072	99.823
	ESCAÑOS	4	2	1	1

LA RIOJA	2	PSOE	PP	PODEMOS	VOX
	1	57.485	56.450	16.273	18.908
	ESCAÑOS	1	1	0	0

CEUTA	1	PSOE	PP	PODEMOS	VOX
		10.455	7.439	1.300	11.752
	ESCAÑOS	0	0	0	1

MELILLA	1	PSOE	PP	PODEMOS	VOX
		5.087	9.136	809	5.692
	ESCAÑOS	0	1	0	0

2016

ANDALUCÍA	62	PSOE	PP	PODEMOS	C's	
	1	1.324.742	1.423.052	787.055	159.433	
	ESCAÑOS	23	24	13	2	
ARAGÓN	10	PSOE	PP	PODEMOS	C's	
	1	174.353	251.743	138.051	113.610	
	ESCAÑOS	3	4	2	1	
ASTURIAS	8	PSOE	PP	PODEMOS	C's	
	1	146.336	207.811	140.058	74.370	
	ESCAÑOS	2	3	2	1	
CASTILLA	19	PSOE	PP	PODEMOS	C's	
Y LEÓN	1	334.421	639.764	223.727	204.241	
	ESCAÑOS	4	9	3	3	
CATALUÑA	56	PSOE	PP	PODEMOS	C's	CDC
	1	558.033	462.637	848.526	378.445	481.839
	ESCAÑOS	9	8	14	6	8
EXTREMA DURA	8	PSOE	PP	PODEMOS	C's	
	1	211.649	244.529	79.816	64.489	
	ESCAÑOS	3	3	1	1	
GALICIA	21	PSOE	PP	PODEMOS	C's	
	1	345.253	643.827	344.143	133.938	
	ESCAÑOS	5	9	5	2	
MADRID	48	PSOE	PP	PODEMOS	C's	
	1	674.825	1.315.847	729.870	610.391	
	ESCAÑOS	10	19	10	9	
LA RIOJA	2	PSOE	PP	PODEMOS	C's	
	1	41.882	73.371	28.541	24.067	
	ESCAÑOS	1	1	0	0	
CEUTA	1	PSOE	PP	PODEMOS	C's	
		6.947	15.956	3.652	3.542	
	ESCAÑOS	0	1	0	0	

BALEARES	8	PSOE	PP	PODEMOS	C's
	1	93.279	162.863	117.812	67.612
	ESCAÑOS	2	3	2	1

CANARIAS	16	PSOE	PP	PODEMOS	C's	Cca-PNC
	1	220.152	332.795	197.661	117.373	78.080
	ESCAÑOS	4	6	3	2	1

CANTABRIA	4	PSOE	PP	PODEMOS	C's
	1	79.042	139.486	59.367	48.379
	ESCAÑOS	1	2	1	0

CASTILLA	16	PSOE	PP	PODEMOS	C's
LA MANCHA	1	303.254	475.118	162.582	144.986
	ESCAÑOS	5	7	2	2

COMUNIDAD VALENCIANA	38	PSOE	PP	PODEMOS	C's
	1	537.983	917.398	655.895	386.826
	ESCAÑOS	8	14	10	6

MURCIA	11	PSOE	PP	PODEMOS	C's
	1	144.322	332.437	102.355	111.574
	ESCAÑOS	2	6	1	2

NAVARRA	5	PSOE	PP	PODEMOS	C's
	1	57.952	106.434	94.555	20.343
	ESCAÑOS	1	2	2	0

PAÍS VASCO	16	PSOE	PP	PODEMOS	C's	PNV	HB
	1	163.628	147.639	333.730	40.326	286.215	152.782
	ESCAÑOS	2	2	5	0	5	2

MELILLA	1	PSOE	PP	PODEMOS	C's
		6.656	13.478	2.638	3.343
	ESCAÑOS	0	1	0	0

2015

ANDALUCÍA	62	PSOE	PP	IU	C's	PODEMOS
	1	1.400.399	1.292.652	256.080	611.772	749.081
	ESCAÑOS	20	19	3	9	11

ARAGÓN	10	PSOE	PP	IU	C's	PODEMOS
	1	168.635	229.196	45.046	125.903	135.763
	ESCAÑOS	2	4	0	2	2

ASTURIAS	8	PSOE	PP	IU	C's	PODEMOS
	1	144.017	186.586	52.316	83.885	132.007
	ESCAÑOS	2	3	0	1	2

CASTILLA-LA MANCHA	16	PSOE	PP	IU	C's	PODEMOS
	1	331.388	445.776	41.852	160.717	159.079
	ESCAÑOS	5	7	0	2	2

CANARIAS	16	PSOE	PP	IU	C's	PODEMOS	CCa-PNC
	1	218.241	283.312	30.933	113.395	231.063	81750
	ESCAÑOS	4	5	0	2	4	1

CATALUÑA	56	PSOE	PP	IU	C's	EN COMUN	ERC	DL
	1	589.021	417.286	0	489.503	927.940	599.289	565.501
	ESCAÑOS	9	6	0	7	15	9	9

EXTREMADURA	8	PSOE	PP	IU	C's	PODEMOS
	1	232.879	225.230	19.497	73.545	71.755
	ESCAÑOS	3	3	0	1	1

GALICIA	21	PSOE	PP	IU	C's	PODEMOS	NOS
	1	347.942	605.178	0	147.910	408.370	70.464
	ESCAÑOS	5	8	0	2	5	1

MURCIA	11	PSOE	PP	IU	C's	PODEMOS
	1	147.524	293.546	22.710	128.294	110.089
	ESCAÑOS	2	5	0	2	2

NAVARRA	5	PSOE	PP	IU	C's	PODEMOS
	1	54.700	101.901	0	24.815	80.961
	ESCAÑOS	1	2	0	0	2

PAÍS VASCO	16	PSOE	PP	IU	C's	PODEMOS	HB	**PNV**
	1	161.466	141.556	0	49.887	316.441	183.611	301.585
	ESCAÑOS	2	2	0	0	5	3	4

LA RIOJA	2	PSOE	PP	IU	C's	PODEMOS
	1	41.875	67.736	7.397	26.719	27.941
	ESCAÑOS	1	1	0	0	0

BALEARES	8	PSOE	PP	IU	C's	PODEMOS
	1	88.542	140.542	0	71.446	111.416
	ESCAÑOS	2	3	0	1	2

CANTABRIA	4	PSOE	PP	IU	C's	PODEMOS
	1	78.217	128.852	15.428	53.182	62.219
	ESCAÑOS	1	2	0	0	1

CASTILLA	19	PSOE	PP	IU	C's	PODEMOS
Y LEÓN	1	337.704	588.194	68.464	230.791	225.824
	ESCAÑOS	4	8	1	3	3

COMUNIDAD VALENCIANA	38	PSOE	PP	IU	C's	PODEMOS
	1	530.497	837.055	111.617	423.556	671.071
	ESCAÑOS	8	13	1	6	10

MADRID	48	PSOE	PP	IU	C's	PODEMOS
	1	643.244	1.204.059	189.265	676.484	750.607
	ESCAÑOS	9	17	2	9	11

CEUTA	1	PSOE	PP	IU	C's	PODEMOS
		7.599	14.786	428	4.378	4.630
	ESCAÑOS	0	1	0	0	0

MELILLA	1	PSOE	PP	IU	C's	PODEMOS
		66.905	12.331	366	4.366	3.215
	ESCAÑOS	0	1	0	0	0

2011

ANDALUCÍA	62	PSOE	PP	IU	UPyD	PA
	1	1.594.893	1.985.612	360.212	207.923	76.999
	ESCAÑOS	24	29	5	3	1

ASTURIAS	8	PSOE	PP	IU	UPyD	FAC
	1	185.526	223.906	83.755	24.721	92.828
	ESCAÑOS	3	3	1	0	1

BALEARES	8	PSOE	PP	IU	UPyD
	1	126.512	217.327	0	18.525
	ESCAÑOS	3	5	0	0

CANARIAS	16	PSOE	PP	IU	UPyD	CC-NC-PNC
	1	231.086	446.118	40.123	24.524	64.767
	ESCAÑOS	5	10	0	0	1

CATALUÑA	56	PSOE	PP	IU	UPyD	CIU	ERC	PXC
	1	922.547	716.371	280.152	0	1.015.691	244.854	59.949
	ESCAÑOS	16	12	5	0	18	4	1

COMUNIDAD VALENCIANA	38	PSOE	PP	IU	UPyD	COMPROMIS
	1	697.474	1.390.233	169.786	146.064	125.306
	ESCAÑOS	11	22	2	2	1

EXTREMADURA	8	PSOE	PP	IU	UPyD
	1	246.514	339.237	37.766	22.913
	ESCAÑOS	3	5	0	0

GALICIA	21	PSOE	PP	IU	UPyD	BNG
	1	457.633	864.567	67.751	19.969	184.037
	ESCAÑOS	6	12	1	0	2

NAVARRA	5	PSOE	PP	IU	UPyD	AMAIUR	GBAI
	1	72.892	126.516	18.251	0	49.208	42.415
	1	2	0	0	1	1	

PAÍS VASCO	16	PSOE	PP	IU	UPyD	PNV	AMAIUR
	1	255.013	210.797	43.717	0	324.317	285.290
	ESCAÑOS	4	3	0	0	5	4

ARAGÓN	10	PSOE	PP	CHA-IU	UPyD
	1	224.314	339.502	74.944	41.032
	ESCAÑOS	3	6	1	0
CANTABRIA	4	PSOE	PP	IU	UPyD
	1	88.624	183.244	12.608	12.614
	ESCAÑOS	1	3	0	0
CASTILLA	19	PSOE	PP	IU	UPyD
Y LEÓN	1	444.451	843.110	85.814	93.197
	ESCAÑOS	6	11	1	1
CASTILLA	16	PSOE	PP	IU	UPyD
LA MANCHA	1	355.806	654.546	67.817	58.224
	ESCAÑOS	5	10	1	0
MADRID	48	PSOE	PP	IU	UPyD
	1	878.724	1.719.709	271.209	347.354
	ESCAÑOS	13	26	4	5
MURCIA	11	PSOE	PP	IU	UPyD
	1	154.225	471.851	41.896	45.984
	ESCAÑOS	2	9	0	0
LA RIOJA					
	2	PSOE	PP	IU	UPyD
	1	54.066	95.124	7.995	10.367
	ESCAÑOS	1	1	0	0
CEUTA	1	PSOE	PP	IU	UPyD
		6.445	20.968	576	1.061
	ESCAÑOS	0	1	0	0
MELILLA	1	PSOE	PP	IU	UPyD
		6.766	17.828	0	0
	ESCAÑOS	0	1	0	0

2008

ANDALUCÍA	63	PSOE	PP	IU	CA
	1	2.342.277	1.721.824	230.335	212.687
	ESCAÑOS	33	24	3	3

ARAGÓN	10	PSOE	PP	IU
	1	356.050	284.068	21.816
	ESCAÑOS	6	4	0

ASTURIAS	9	PSOE	PP	IU
	1	326.477	289.305	49.936
	ESCAÑOS	5	4	0

BALEARES	7	PSOE	PP	IU
	1	209.451	208.246	13.447
	ESCAÑOS	4	3	0

CANARIAS	15	PSOE	PP	IU	CC-PNC
	1	395.182	349.568	12.472	174.629
	ESCAÑOS	6	6	0	3

CANTABRIA	5	PSOE	PP	IU
	1	161.279	184.853	8.395
	ESCAÑOS	2	3	0

MADRID	45	PSOE	PP	IU	UPyD
	1	1.401.785	1.737.688	164.595	132.095
	ESCAÑOS	19	23	2	1

MURCIA	10	PSOE	PP	IU
	1	251.822	469.380	0
	ESCAÑOS	3	7	0

NAVARRA	5	PSOE	UPN-PP	IU	NA-BAI
	1	117.920	133.059	11.098	62.398
	ESCAÑOS	2	2	0	1

PAÍS VASCO	18	PSOE	PP	IU	PNV	**EA**
	1	430.690	209.244	0	306.128	123.613
	ESCAÑOS	8	3	0	5	2

CASTILLA Y LEÓN	21	PSOE	PP	IU
	1	715.263	836.228	41.964
	ESCAÑOS	10	11	0

CASTILLA LA MANCHA	15	PSOE	PP	IU
	1	538.402	597.088	35.425
	ESCAÑOS	7	8	0

CATALUÑA	54	PSOE	PP	IU	CIU	ERC
	1	1.689.911	610.473	183.338	779.425	291.532
	ESCAÑOS	27	9	2	12	4

COMUNIDAD VALENCIANA	36	PSOE	PP	IU
	1	1.124.414	1.415.793	74.405
	ESCAÑOS	15	20	1

EXTREMADURA	9	PSOE	PP	IU
	1	365.752	292.453	20.606
	ESCAÑOS	5	4	0

GALICIA	24	PSOE	PP	IU	BNG
	1	750.492	809.879	25.308	212.543
	ESCAÑOS	10	11	0	3

LA RIOJA	2	PSOE	PP	IU
	1	82.032	93.104	3.647
	ESCAÑOS	1	1	0

CEUTA	1	PSOE	PP	IU
		14.716	20.040	244
	ESCAÑOS	0	1	0

MELILLA	1	PSOE	PP	IU
		15.420	15.717	0
	ESCAÑOS	0	1	0

2004

ANDALUCÍA	63	PSOE	PP	IU	PA
	1	2.377.455	1.514.987	287.374	181.868
	ESCAÑOS	35	22	4	2

ARAGÓN	10	PSOE	PP	IU	CHA
	1	322.428	284.893	0	94.252
	ESCAÑOS	5	4	0	1

ASTURIAS	9	PSOE	PP	IU
	1	305.240	307.977	59.253
	ESCAÑOS	4	5	0

BALEARES	7	PSOE	PP	IU
	1	185.623	215.737	40.289
	ESCAÑOS	3	4	0

CANARIAS	15	PSOE	PP	IU	CC
	1	333.084	342.672	0	235.221
	ESCAÑOS	5	6	0	4

CANTABRIA	5	PSOE	PP	IU
	1	149.906	190.383	12.146
	ESCAÑOS	2	3	0

CASTILLA	21	PSOE	PP	IU
Y LEÓN	1	705.053	846.623	47.693
	ESCAÑOS	9	12	0

CASTILLA	15	PSOE	PP	IU
LA MANCHA	1	537.405	547.764	39.001
	ESCAÑOS	7	8	0

CATALUÑA	54	PSOE	PP	IU	CIU	ERC
	1	1.586.748	626.107	234.790	835.471	638.902
	ESCAÑOS	22	8	3	12	9

	1	PSOE	PP	IU
MELILLA		11.273	14.856	229
	ESCAÑOS	0	1	0

COMUNIDAD VALENCIANA	36	PSOE	PP	IU		
	1	1.127.700	1.242.800	123.611		
	ESCAÑOS	17	18	1		
EXTREMADURA	9	PSOE	PP	IU		
	1	356.826	295.326	24.158		
	ESCAÑOS	5	4	0		
GALICIA	24	PSOE	PP	IU	BNG	
	1	682.684	865.460	31.908	208.688	
	ESCAÑOS	10	12	0	2	
MADRID	45	PSOE	PP	IU		
	1	1.544.676	1.576.636	225.109		
	ESCAÑOS	21	21	3		
	10	PSOE	PP	IU		
MURCIA	1	252.246	413.902	30.787		
	ESCAÑOS	4	6	0		
	5	PSOE	UPN-PP	IU	NA-BAI	
NAVARRA	1	113.906	127.653	19.899	61.045	
	ESCAÑOS	2	2	0	1	
	18	PSOE	PP	IU	PNV	**EA**
PAÍS VASCO	1	339.751	235.785	102.342	420.980	80.905
	ESCAÑOS	5	4	1	7	1
	2	PSOE	PP	IU		
LA RIOJA	1	81.390	92.441	5.115		
	ESCAÑOS	1	1	0		
	1	PSOE	PP	IU		
CEUTA		12.769	21.142	218		
	ESCAÑOS	0	1	0		

2000

ANDALUCÍA	63	PSOE	PP	IU	PA
	1	1.771.968	1.639.034	315.891	206.255
	ESCAÑOS	29	26	5	3

	10	PSOE	PP	IU	CHA
ARAGÓN	1	224.650	341.396	25.395	75.356
	ESCAÑOS	3	6	0	1

	9	PSOE	PP	IU
ASTURIAS	1	241.830	302.626	67.024
	ESCAÑOS	3	5	1

	7	PSOE	PP	IU
BALEARES	1	116.515	214.348	15.928
	ESCAÑOS	3	3	0

	15	PSOE	PP	IU	CC
CANARIAS	1	186.363	351.110	20.214	248.261
	ESCAÑOS	4	7	0	4

	5	PSOE	PP	IU
CANTABRIA	1	111.556	189.442	16.714
	ESCAÑOS	3	2	0

CASTILLA	21	PSOE	PP	IU
Y LEÓN	1	506.595	876.670	69.835
	ESCAÑOS	7	13	1

CASTILLA	15	PSOE	PP	IU
LA MANCHA	1	438.630	563.203	46.746
	ESCAÑOS	7	8	0

CEUTA	1	PSOE	PP	IU
		8.758	14.514	229
	ESCAÑOS	0	1	0

CATALUÑA	54	PSOE	PP	IU	CIU	ERC	EUIA
	1	1.150.533	768.318	119.290	970.421	190.292	75.091
	ESCAÑOS	20	12	2	16	3	1

COMUNIDAD VALENCIANA	36	PSOE	PP	IU
	1	826.595	1.267.062	141.404
	ESCAÑOS	13	20	2

EXTREMADURA	9	PSOE	PP	IU
	1	293.831	310.850	30.865
	ESCAÑOS	4	5	0

GALICIA	24	PSOE	PP	IU	BNG
	1	389.999	888.092	21.127	306.268
	ESCAÑOS	6	14	0	5

MADRID	45	PSOE	PP	IU
	1	1.023.212	1.625.831	282.180
	ESCAÑOS	16	25	4

MURCIA	10	PSOE	PP	IU
	1	217.179	389.564	41.842
	ESCAÑOS	3	7	0

NAVARRA	5	PSOE	UPN-PP	IU
	1	82.688	150.995	20.338
	ESCAÑOS	2	3	0

PAÍS VASCO	18	PSOE	PP	IU	PNV	EA
	1	266.583	323.235	62.283	347.417	123613
	ESCAÑOS	4	5	1	6	2

LA RIOJA	2	PSOE	PP	IU
	1	59.171	91.810	6.830
	ESCAÑOS	1	1	0

MELILLA	1	PSOE	PP	IU
		5.363	13.078	397
	ESCAÑOS	0	1	0

Resultados que se habrían obtenido con una circunscripción única y reparto con el sistema de reparto D'Hondt.

AÑO 2019

	PSOE	PP	VOX	U.PODEMOS	Cs	ERC	JxCAT	ECP	PNV
votos	6.792.199	5.047.040	3.656.979	2.570.191	1.650.318	874.859	530.225	549.173	379.002
escaños	102	76	55	39	25	12	7	8	5

	EH BILDU	MÁS PAIS	CUP	PACMA	CC-NC-PNC	COMPROMIS	BNG	NA+	PRC
votos	277.621	382.823	246.971	228.856	124.289	176.287	120.456	99.078	68.830
escaños	4	5	3	3	1	2	1	1	1

AÑO 2016

	PP	PSOE	PODE IU EQU	Cs	ECP	POD CO EU	ERC	CDC	PODE MA AN
votos	7.906.185	5.424.709	3.201.170	3.123.769	848.526	655.895	629.294	481.839	344.143
escaños	120	82	48	47	12	9	9	7	5

	PNV	PACMA	EH BILDU	CCa-PNC
votos	286.215	284.848	184.092	78.080
escaños	4	4	2	1

AÑO 2015

	PP	PSOE	PODEMOS	Cs	EN COMÚ	IU-UPeC	PODE COMP	ERC	POD MA AN
votos	7.215.752	5.530.779	3.182.082	3.500.541	927.940	923.133	671.071	599.289	408.370
escaños	105	80	45	50	13	13	9	8	5

	DL	PNV	PACMA	EH BILDU	UPYD	CCa-PNC	NÓS
votos	565.501	301.585	219.191	218.467	153.505	81.750	70.464
escaños	8	4	3	3	2	1	1

AÑO 2011

	PP	PSOE	IU-LV	UPyD	CiU	AMAIUR	PNV	ESQUER	EQUO
votos	10.866.566	7.003.511	1.686.040	1.143.225	1.015.691	334.498	324.317	256.985	216.748
escaños	164	105	25	17	15	5	4	3	3

	BNG	CC-NC	COMPROMÍ	PACMA	FAC	Eb	PA
votos	184.037	143.881	125.306	102.144	99.473	97.673	76.999
escaños	2	2	1	1	1	1	1

AÑO 2008

	PSOE	PP	IU	CiU	PNV	UPyD	ESQUERRA	BNG	CC-PNC
votos	11.289.335	10.278.010	969.946	779.425	306.128	306.079	298.139	212.543	174.629
escaños	162	147	13	11	4	4	4	3	2

AÑO 2004

	PSOE	PP	IU	CiU	ERC	PNV	PA	CC
votos	11.026.163	9.763.144	1.284.081	835.471	652.196	420.980	181.868	235.221
escaños	158	139	18	11	9	6	2	3

	BNG	CHA	EA
votos	208.688	94.252	80.905
escaños	2	1	1

AÑO 2000

	PP	PSOE	IU	CIU	PNV	BNG	CC	PA
votos	10.321.178	7.918.752	1.263.043	970.421	353.953	306.268	248.261	206.255
escaños	165	127	20	15	5	5	4	3

	ERC	IC-V	EA	CHA	GIL	VERDES
votos	194.715	119.290	100.742	75.356	72.162	70.906
escaños	1	1	1	1	1	1